Let

LE BETULLE

Collana di classici russi
diretta da Vittorio Strada

Anton Čechov

Il giardino dei ciliegi

a cura di Clara Strada Janovic

con testo a fronte

Marsilio

Traduzione dal russo
di Clara Strada Janovic

ISBN
88-317-6765-8

INDICE

INTRODUZIONE

Il giardino dei ciliegi (*Višněvyj sad*) ha, come ogni opera teatrale, due date di nascita: quella della deliberazione del manoscritto, che fu inviato da Jalta a Ol'ga Knipper, la moglie di Čechov, per il Teatro d'arte di Mosca (14 ottobre 1903) e quella della sua prima rappresentazione, che avvenne sulla scena del Teatro d'arte (17 gennaio 1904). Un'altra data importante è quella del concepimento dell'opera, del suo primo progetto. Si risale allora alla primavera del 1901, quando *Le tre sorelle* (*Tri sestry*) si rappresentavano con successo a Mosca e in altre città russe. In due lettere a Ol'ga Knipper Čechov preannuncia il tipo della sua prossima opera drammatica: «La prossima opera che scriverò sarà senz'altro comica, molto comica, almeno nella mia ideazione» (7 marzo 1901) e «In certi istanti mi prende un fortissimo desiderio di scrivere per il Teatro d'arte un vaudeville o una commedia in quattro atti. E la scriverò, se nulla me lo impedisce, ma la consegnerò al teatro non prima della fine del 1903» (22 aprile 1901). Čechov rispettò perfettamente la data della consegna. Quanto alla sua

intenzione di scrivere un'opera «comica, molto comica», «un vaudeville o una commedia», anch'essa fu rispettata dallo scrittore, che considerò appunto «commedia» il suo *Giardino dei ciliegi*. Ma questa sua intenzione non fu rispettata dal Teatro d'arte che, suscitando lo scontento dell'autore, nel *Giardino* vide e fece vedere un dramma elegiaco. Nel riso oppure nelle lacrime consiste dunque l'elemento dell'ultima opera teatrale čechoviana? Ecco il primo problema che fin dall'inizio il *Giardino dei ciliegi* poneva agli amici stessi del suo autore.

L'artefice del Teatro d'arte, Konstantin Stanislavskij, riferisce particolari assai interessanti sulla nascita del *Giardino*. Nell'autunno del 1901, mentre era a Mosca e frequentava il Teatro d'arte, un giorno, dopo aver assistito, annoiandosi, a una prova dell'*Anitra selvatica* di Ibsen, Čechov, che si era però divertito per la recitazione di un attore, A.R. Artëm (che faceva la parte del vecchio Ekdal), espresse l'intenzione di scrivere per lui una commedia, in cui Artëm sarebbe stato in riva a un fiume a pescare. Poi Čechov aggiunse che nella scena da lui immaginata un altro attore, A. Višnevskij, faceva il bagno lì accanto, sguazzando nell'acqua e parlando ad alta voce. Čechov immaginò ancora una compagnia di giocatori di biliardo, uno dei quali, un vero e proprio fanatico del gioco, era allegro e spavaldo e gridava sempre. Si tratta di tipi e situazioni di carattere comico, che si ritrovano nei racconti e nei vaudevilles čechoviani e che prefigurano certi personaggi del *Giardino*. Ma contemporaneamente, sempre secondo la testimonianza di Stanislavskij, Čechov «immaginò di vedere una finestra aperta, con un ramo di bianchi ciliegi in fiore che dal giardino entrano nella stanza». Artëm, che nell'immaginata

commedia dapprima doveva fare la parte del servitore, era poi diventato l'amministratore della tenuta; questa tenuta aveva un padrone, ma a volte, nei discorsi di Čechov, si trattava di una padrona, eternamente senza soldi, che nei momenti più critici chiedeva prestiti al suo servitore o amministratore che fosse. Preziosa testimonianza, dalla quale risulta che nella nebulosa originaria, dalla quale doveva formarsi il mondo del *Giardino dei ciliegi*, il momento comico coesisteva con quello elegiaco, in quella sintesi di naturalismo poeticizzato e di drammaticità carnevalizzata che costituisce la cifra del teatro čechoviano.

La «finestra aperta, con un ramo di bianchi ciliegi in fiore che dal giardino entrano nella stanza» resta l'immagine primaria, l'intuizione del futuro organismo teatrale simbolicamente fissata nel titolo. Anche a proposito del titolo Stanislavskij dà una testimonianza illuminante. Una sera il regista fu invitato a casa da Čechov per ragioni di lavoro. Dopo il tè e qualche discorso sulla futura messinscena, Čechov con un sorriso di soddisfazione disse di aver trovato un «titolo meraviglioso» per la sua opera drammatica. E poi precisò con una «risata piena di gioia» che quel titolo era *Vìšnevyj sad*, cioè appunto *Il giardino dei ciliegi*. Stanislavskij non capì le ragioni di tanta allegria, non riuscendo a trovare nulla di particolare in quel titolo. Ma, per non amareggiare Čechov, fece finta di esserne rimasto impressionato. Intanto Čechov andava ripetendo in vari toni e con tutte le intonazioni possibili «Vìšnevyj sad. Vìšnevyj sad. Vìšnevyj!». Stanislavskij fece notare che evidentemente quelle parole volevano rendere l'idea di qualcosa di splendido, qualcosa di teneramente amato, ma che ciò si coglieva non nelle parole, bensì nell'intona-

zione della voce di Čechov. Questa osservazione, per quanto cauta, rattristò lo scrittore e fece languire la conversazione. Qualche giorno dopo Čechov si recò al teatro, dove erano in corso le prove e, entrato nel camerino di Stanislavskij, gli disse ridendo: «Ascolti, non Vìšnevyj, ma Višnëvyj sad». Era nato il vero titolo del *Giardino dei ciliegi* in una forma fonica che nella traduzione scompare, consistendo in uno semplice spostamento d'accento, dotato però di valore semantico. Infatti, come spiega lo stesso Stanislavskij, il «vìšnevyj sad» è un «giardino commerciale», cioè un'impresa agricola produttrice di profitto. Mentre il «višnëvyj sad» è l'espressione di una vita bella, ma inutile, la cui poesia è nel fiorente biancore del ramo che entra nella finestra aperta della visione originaria čechoviana [1].

In questo particolare sembra concentrarsi non solo lo spirito dell'ultima opera drammatica di Čechov – il cui senso può essere schematicamente formulato come un passaggio del «višnëvyj sad» al «vìšnevyj», cioè dal giardino come aristocratica bellezza al giardino come utilità commerciale –: in questo particolare sta simbolicamente un po' anche la tonalità più profonda della poesia čechoviana, che è fatta di accenti spostati, di minute trasformazioni, ricche però di significato. Nel suo teatro come nella sua prosa Čechov opera su microunità e su micromovimenti, scoprendo in queste grandezze infinitesimali quelle catastrofi che altri vedono soltanto entro dimensioni macroscopiche, se non cosmiche o presunte tali. Così è anche nel *Giardino dei ciliegi*, *Višnëvyj sad* e non *Vìšnevyj sad*, come Čechov ha voluto.

Che cosa avviene nel *Giardino*? Nulla o quasi nulla, dirà chi è incapace di cogliere quella «poetica

degli accenti», se così possiamo chiamarla, che costituisce la novità dell'opera čechoviana. In realtà, nel *Giardino* di Čechov avviene molto, se non tutto. In ogni modo, avviene l'essenziale, se con questo termine intendiamo l'eterno gioco della vita e della morte, della scomparsa e della memoria, della perdita e della ripresa. *Il giardino dei ciliegi* è il luogo dell'incessante divenire, della trasformazione fatale, del fluire insensibile e irreversibile del Tempo. Un drammaturgo che opera con entità impalpabili e quasi impercettibili può sembrare alieno da significati così ingenti, capaci di schiacciare anche robuste nature artistiche. La «rivoluzione čechoviana» consiste però nella levità di tocco con cui sono domati e padroneggiati temi e problemi che parevano dominio esclusivo di massicce menti metafisiche. In una lettera a Suvorin (2 gennaio 1894), parlando di un letterato minore di quel tempo, Čechov scriveva: «Sergeenko sta scrivendo una tragedia sulla vita di Socrate. Queste teste dure si attaccano sempre a ciò che è grande perché non sono capaci di creare ciò che è piccolo, e hanno straordinarie pretese grandiose perché sono del tutto privi di gusto letterario. Su Socrate è più facile scrivere che su una ragazza o su una cuoca». Per questo Čechov non considera una «frivolezza» scrivere commedie brevi come quelle che costituiscono la parte minore, eppure sempre significativa, del suo teatro. Ma perché egli reputa più facile scrivere una tragedia su Socrate che una commedia su una cuoca? Perché la sua attenzione poetica si sposta dal cielo metafisico all'empirica quotidianità? In realtà, non si tratta di uno spostamento di sguardo, ma di un nuovo sguardo che nella moderna vita comune scorge i

riflessi dei grandi problemi spirituali. Nella cuoca si può vedere Socrate, se si guarda con occhi socratici. In un'altra lettera, sempre indirizzata a Suvorin (27 maggio 1888), Čechov nomina nuovamente il filosofo greco, in modo positivo, indicando in lui un suo maestro di sensibilità morale e intellettuale. Esprimendo polemicamente le sue idee, Čechov scrive: «A me pare che non siano gli scrittori a dover risolvere problemi come quello di Dio, del pessimismo ecc. Compito dello scrittore è rappresentare soltanto chi, come e in quali circostanze ha parlato di Dio e del pessimismo.

L'artista non deve essere giudice dei suoi personaggi e di ciò che essi dicono, bensì soltanto un testimone spassionato». E dopo aver precisato che «a dare una valutazione saranno i giurati, cioè i lettori», riprende: «Il mio compito è soltanto quello di avere talento, cioè di saper distinguere le testimonianze importanti da quelle che tali non sono, di saper lumeggiare le figure e di parlare con la loro lingua. Ščeglov-Leont'ev mi ascrive a colpa il fatto di aver finito il racconto [*Ogni, Fuochi, n.d.c.*] con la frase: "Non ci si raccapezza in nulla a questo mondo!". Secondo lui, l'artista-psicologo *deve* raccapezzarsi, altrimenti che psicologo è? Ma io non sono d'accordo con lui. È tempo ormai che chi scrive, soprattutto gli artisti, diventi consapevole del fatto che a questo mondo non ci si raccapezza in nulla, come sapeva già Socrate e come sapeva Voltaire». Čechov così conclude questo suo socratico riconoscimento di «sapere di non sapere»: «La folla crede di saper tutto e di capire tutto; e quanto più è sciocca, tanto più vasto sembra il suo orizzonte. Se un artista, al quale la folla crede, si decide a dichiarare che non capisce nulla di

ciò che vede, questo costituisce già di per sé un grande sapere nella sfera del pensiero e un grande passo in avanti».

Il socratico «sapere di non sapere» diventa, con una nota di ironia voltairiana, il criterio antidogmatico di Čechov, criterio etico e intellettuale che guidò lo scrittore russo nella sua piena indipendenza dai gruppi ideologici del suo tempo, ma soprattutto criterio poetico che animò il suo lavoro di narratore e di drammaturgo. E in entrambe le sfere, quella della vita e quella dell'arte, il criterio socratico non si trasformò per Čechov in un tranquillizzante scetticismo, ma, come in Socrate, fu stimolo a una ricerca incessante e a un impegno costante, poiché quel «non raccapezzarsi in nulla» non uccide la volontà di «raccapezzarsi», ma semplicemente la educa a non chiudersi mai nella pretesa di «sapere tutto e di capire tutto». Quando Čechov dice che compito dello scrittore è quello di «distinguere le testimonianze importanti da quelle che tali non sono», dimostra di aver assimilato il principio socratico non in una variante dogmaticamente agnostica, ma nella forma autentica della ininterrotta ricerca dialogica. Così anche nel *Giardino dei ciliegi*.

Nel *Giardino* ciò che avviene in modo visibile è la vendita all'asta di un giardino di ciliegi. Questo avvenimento è il centro rispetto al quale si dispongono tutti i protagonisti. I quali, del resto, sono tali solo in secondo grado, primo protagonista essendo il giardino stesso sia nella sua fisicità naturale, come lo aveva visto Čechov nell'intuizione originaria della «finestra aperta», sia nella sua simbolicità concentrica. Si tratta infatti di una simbolicità plurima che si allarga in vari orizzonti di significato: il primo è quello della giovi-

nezza, del «tempo perduto», del passato dei personaggi che al giardino hanno variamente legato la vita o una parte della vita; ma il giardino è anche l'intera Russia, come dice un personaggio, in quanto la connessione di passato e di futuro nel presente riguarda non soltanto gli individui, ma un'intera comunità; il giardino acquista dunque anche una simbolicità sociale, investendo non solo singoli destini, ma ceti e classi nella loro dinamica storica; c'è infine una simbolicità universale che trascende ogni orizzonte nazionale e sociale e che dei concreti protagonisti fa il riflesso di un dramma eterno, quello dell'avvicendarsi delle generazioni e delle situazioni, quello del ciclo delle stagioni non naturali soltanto, ma umane, quello delle albe, dei meriggi e dei tramonti delle esistenze singole e collettive. Dramma semiserio e semicomico che Čechov rappresenta con socratica ironia, ma come un Socrate nato dopo quasi duemila anni di vita cristiana e in una fase particolare di questa vita, quando le grandi metafisiche si vanno spegnendo e l'uomo deve vivere nella sua quotidianità, in uno spazio in cui commedia e tragedia si mescolano al pari del fisico e del metafisico e, sapendo di non sapere, si deve cercare di vivere degnamente, secondo un'etica socratico-cristiana.

Tra le opere teatrali di Čechov *Il giardino dei ciliegi* è quella che ha un'apparenza sociologica così definita e precisa da indurre a una sua superficiale e univoca lettura in chiave sociale. Cosa che, in una certa misura, fu fatta dai contemporanei e più tardi, con premeditata sistematicità, dalla critica sovietica ufficiale. Che cosa c'è di più semplice, ma anche di più semplificato di un *Giardino* in cui alla declinante classe nobiliare, rappresentata dalla Ranevskaja e da Gaev, si contrap-

pone l'ascendente borghesia, rappresentata da Lopachin, mentre, per la consolazione dei nemici di quest'ultima classe, non manca neppure il rappresentante del proletariato nella persona di Trofimov, l'intellettuale declassato che, secondo il cliché rivoluzionario, si metterà al servizio dei diseredati, futuri trionfatori? Né mancano le dichiarazioni sulla nuova vita contrapposta alla vita vecchia, che hanno fatto di Čechov, nell'ideologia del «realismo socialista», quasi un preannunciatore della Russia di Lenin e di Stalin, accanto a quell'altro suo profeta che fu Gor'kij. Così schematizzata, l'ultima opera drammatica di Čechov può, è vero, essere risolta in due opposte interpretazioni critiche e sceniche, entrambe però radicate in una stessa sua banalizzata visione: il *Giardino* può diventare un canto di mesto congedo e di tenera nostalgia nei riguardi di un dolce mondo che scompare sotto i colpi implacabili di una realtà nuova che sorge e si sviluppa secondo un'oggettiva necessità, oppure può farsi derisorio smascheramento del mondo in declino, della sua meschina e ridicola futilità e impotenza di fronte alle giovani forze operose che nascono nella società, siano esse quelle imprenditoriali o quelle rivoluzionarie, tra loro avverse, ma pur sempre luminose rispetto al crepuscolo di ciò che è destinato a sparire. Nella storia delle messinscene del *Giardino dei ciliegi*, da quella classica di Stanislavskij a quella di Lobanov, all'inizio degli anni Trenta, si ha una gamma che spazia tra questi due estremi, quello elegiaco e quello satirico, entrambi però estranei allo spirito del *Giardino dei ciliegi*. Già qualche osservazione sui personaggi dovrebbe far recedere da una lettura critica e registica di quest'opera che trasformi i suoi chiaroscuri, le sue sfumature, le sue atmosfere in una netta

partizione di luce e di ombra. Quello che, secondo una lettura «progressista», dovrebbe essere il portavoce del radioso futuro rivoluzionario, Petja Trofimov, che incita ad andare avanti verso la «nuova vita», è un saccente, anche se simpatico, eterno studente, una figura tratteggiata con humour, le cui altisonanti dichiarazioni suonano involontariamente ironiche oppure involontariamente sinistre, se col senno di poi pensiamo a quello che sono diventati i Petja Trofimov una volta al potere, quando la loro innocua retorica si è trasformata in micidiale ideologia.

Oppure si consideri Lopachin, il capitalista che agisce secondo il principio utilitario dell'economia e non secondo quello disinteressato dell'estetica. Non solo come si delinea e si svolge nel testo, ma anche nell'illuminazione che ne dà l'autore nelle sue osservazioni per gli attori, Lopachin, che è considerato da Čechov un personaggio di centrale importanza, non è un «mercante», non è un tipo sociale, non deve essere rappresentato secondo un cliché che nel teatro russo aveva una tradizione, il cui punto più alto era dato dai «mercanti» di Ostrovskij. In una lettera a Ol'ga Knipper del 30 ottobre 1903 Čechov sottolinea che Lopachin è una «persona dolce» (mjagkij čelovek) e, nello stesso giorno, scrivendo a Stanislavskij, ribadisce che Lopachin, pur essendo un «mercante», è una «persona a posto in ogni senso» e che «deve comportarsi con assoluta dignità», «intelligentno», aggiunge Čechov, cioè «con la correttezza di chi appartiene all'intelligencija», ossia con una urbanità, si può dire, che deriva da equilibrio spirituale. Se poi pensiamo alla Ranevskaja, la proprietaria (insieme col fratello) del giardino dei ciliegi, in essa si vede uno splendido esempio della delicatezza di toni con cui Čechov sa

orchestrare personaggi e situazioni. Debole e futile, incapace di resistere ai moti dei sentimenti, dissipata in modo irresponsabile, e insieme consapevole della sua debolezza, dei peccati stessi della sua posizione sociale, capace della più disinteressata generosità, del più dedito amore, del più puro sentimento, e votata, come essa sa, a un disastro che non le impedisce di agire con disperata dolcezza, obbedendo alla sua ricerca di una felicità ormai tutta affidata unicamente alla memoria, a quel giardino in cui essa vede apparire il bianco spettro della madre e il candido fantasma della sua propria adolescenza, mentre per lei cala l'ombra del tramonto, dell'infelicità, della morte.

Dunque i tre personaggi che dovrebbero impersonare in senso sociale un passato tetro, un presente semioscuro e un avvenire radioso, sono in realtà essi stessi un insieme di luce e di ombra, come lo sono i loro rapporti e, in generale, i rapporti tra tutti i personaggi. Caduta l'interpretazione satirica del *Giardino*, che presuppone un autore-giudice dalla cui penna esce un verdetto di condanna e una profezia di vittoria, sembra tuttavia resistere l'interpretazione elegiaca, che con melanconico sguardo avvolge il dramma della Ranevskaja, estendendo i suoi toni smorzati e delicati anche ai Lopachin e ai Trofimov. Ma perché allora Čechov chiamò il *Giardino dei ciliegi* «commedia» e perché, in una lettera del 10 aprile 1904 alla moglie, protesta per il fatto che nei manifesti e negli annunci la sua ultima opera teatrale è «ostinatamente» chiamata «dramma» e con ancora più determinatezza aggiunge: «Nemirovič e Alekseev [Stanislavskij, *n.d.c.*] nella mia opera vedono qualcosa di totalmente diverso da quello che ho scritto e io sono pronto a scommettere qualsiasi cosa che nessuno dei

due ha letto, sia pure una volta sola, con attenzione il mio lavoro»? Se contro l'interpretazione satirica del suo *Giardino* Čechov non poteva protestare, perché non poteva neppure immaginare quello che sarebbe diventata la sua Russia pochi decenni dopo e quello che in essa sarebbe diventata anche la sua ultima opera teatrale, egli pur tuttavia protestò contro la trasformazione anche esplicita (nella definizione) del suo *Giardino* da «commedia» in «dramma». Evidentemente non si trattava di una semplice questione di terminologia critica, di una classificazione in un sottogenere piuttosto che in un altro, ma della comprensione della più intima e autentica natura del *Giardino* stesso, dell'atteggiamento dell'autore di fronte al fascio di destini che si snoda intorno alla storia della vendita all'asta di un giardino di ciliegi nelle vicinanze di una città russa di provincia.

Ma se *Il giardino dei ciliegi* è «commedia», dov'è il suo elemento «comico»? Evidentemente, questo elemento non può essere individuato nelle figure e nelle situazioni comiche marginali, in Piščik, ad esempio, o in Charlotta, o nei giovani servitori Jaša e Dunjaša e nei vari equivoci che si creano tra loro e coi personaggi «seri», come la Ranevskaja e Lopachin. Per cogliere la «comicità» della vicenda del *Giardino dei ciliegi* bisogna capire e sentire la rivoluzione che Čechov ha operato nel teatro e, più generalmente, nella letteratura. Rispetto al teatro europeo di un Ibsen e di un Maeterlinck, e anche rispetto a quello russo di un Ostrovskij e di un Tolstoj, Čechov cancella i confini tra alto e basso, grande e piccolo, tragico e farsesco e, fissando il suo sguardo socratico sulla più normale, feriale, banale vita quotidiana, in questo nuovo campo di realtà vede qualcosa di molto diverso

da quello che vi vedevano naturalisti e simbolisti: non un brulicare di istinti, di atavismi, di biologismi e non un baluginare di luci provenienti da un mondo superiore e inaccessibile. Né bestie evolute, né angeli decaduti, gli esseri umani di Čechov vivono tragicamente e comicamente i loro destini nel breve spazio che è loro concesso, si affannano con futile serietà e con struggente frivolezza, ognuno con un suo grado di autenticità e dignità, per cui dei due fratelli proprietari del giardino dei ciliegi, entrambi appartenenti a uno stesso strato sociale e carichi delle stesse responsabilità, l'uno, Gaev, è un vacuo, patetico, simpatico buonanulla e bontempone, il cui passato aristocratico si avverte in certi tic verbali, come in quel «kogo»[2] ripetuto sistematicamente a sproposito, in cui si rivela un sia pur benevolo ed educato disprezzo per l'interlocutore; l'altra, la Ranevskaja, invece, è una patetica sintesi di tragicità e comicità, una creatura forte nella sua debolezza, capace di abnegazione e incapace di azione, e per questo amata da tutti, tranne forse che dal lontano amante parigino che pure si attacca a lei per trascinarla definitivamente nella rovina, amata dallo stesso Lopachin, il quale per lei prova molto di più del rispetto che un uomo «intelligentnyj» come lui, per quanto «mercante», sente per la padroncina di un tempo che, quando lui bambino fu picchiato dal padre, lo trattò con affetto indimenticabile. La Ranevskaja, così frivola, così futile, così fragile, così frastornata, ma così incantevolmente umana è il ciliegio che cadrà sotto la scure non tanto della necessità economica, quanto del destino che abbatte i deboli, che spesso sono i migliori. Sta qui l'umana commedia della vita che Čechov guarda con partecipe ironia, lasciando ai Sergeenko le tragedie su Socrate e osser-

vando con socratica saggezza il quotidiano mondo della modernità.

Per un breve tratto di tempo, tra maggio e ottobre di un anno dell'inizio del XX secolo, in una località dello spazio russo, un gruppo di persone sono state insieme, intessendo rapporti nuovi sulla base di quelli antichi, fino a quando quella tela così labile non si spezzerà per sempre. La commedia di Čechov si apre con l'arrivo di un treno e si chiude con la partenza di un treno. Da lontano sono venuti alcuni per un estremo, irripetibile incontro col loro passato, coi loro fantasmi, con la loro stessa vita. Poi tutto sarà diverso, tutto sarà trasformato, tutto scomparirà in qualcosa d'altro. Quando il sipario è vicino a calare e il vecchio Firs è rimasto solo nella vecchia casa, in una stanza in cui dalla finestra aperta entrava un ramo fiorito di ciliegio, e la morte gli si avvicina, come già si è avvicinata al magico giardino, ecco che «quasi provenisse dal cielo» si sente un «suono remoto», il «suono di una corda che s'è spezzata», un suono «triste che si estingue». Atropo ha reciso il filo della vita. La tragicommedia è finita. Inestinguibile resta la lirica atmosfera con cui Čechov l'ha avvolta, come una lieve bruma al primo mattino avvolge un *visnëvyj sad*[3].

CLARA STRADA JANOVIC

[1] Naturalmente, questa sfumatura semantica basata sull'accento valeva all'interno dell'uso linguistico dell'epoca e oggi è andata perduta. Senza addentrarci in superflue sottigliezze storico-linguistiche, è chiaro che qui dobbiamo accettare l'uso differenziato che di *vìšnevyj* e *višnëvyj* facevano Čechov e Stanislavskij in quanto esso getta una certa luce sull'ideazione dell'immagine del «giardino dei ciliegi».

[2] Nella traduzione ho reso «kogo» (leggesi «kavò»), usato da Gaev come interiezione, con «prego».

[3] Per questa lettura del *Giardino dei ciliegi* mi è stato di particolare ausilio quanto su Čechov e sul suo teatro ha scritto Vittorio Strada nel suo libro *Le veglie della ragione. Miti e figure della letteratura russa da Dostoevskij a Pasternak*, Torino 1986. A lui va il mio ringraziamento per l'aiuto prestato anche nella preparazione del presente volume.

LA VITA E LE OPERE

Il 17 (29) gennaio 1860 Anton Pavlovič Čechov nasce a Taganrog, sul Mare di Azov, terzo figlio di un commerciante, proprietario di una drogheria. Dei suoi fratelli maggiori uno, Aleksandr, sarà un letterato, l'altro, Nikolaj, un pittore; mentre dei minori Ivan sarà insegnante, Michail letterato e la sorella Marija insegnante e pittrice.

Nel 1868 si iscrive al ginnasio della sua città, dopo aver aiutato fin dall'infanzia il padre in bottega. Dopo un fallimento, nel 1876 il padre lascerà il nascosto Taganrog per Mosca, seguito poco dopo dalla famiglia.

Nel 1879, finiti gli studi medi, Čechov si trasferisce a Mosca, iscrivendosi alla Facoltà di medicina di quella università.

Nel 1884 si laurea in medicina, riceve la qualifica di medico condotto e inizia la pratica medica. Nel 1884-85 scrive un libro intitolato *Vračebnoe delo v Rossii* (La medicina in Russia). In dicembre scopre i primi sintomi di tubercolosi, una malattia che, aggravandosi, lo porterà alla morte.

Dall'inizio degli anni Settanta comincia l'attività letteraria di Čechov che già nel 1877 partecipa alla rivista del ginnasio di Taganrog «Dosug» (Il tempo libero). Alla fine di questo decennio scrive il dramma *Bezotcovščina* (Senza

padre), rimasto inedito. Comincia a collaborare a riviste umoristiche, come «Strekoza» (La libellula), «Budil'nik» (La sveglia) ecc., firmando con vari pseudonimi, tra i quali il più frequente è quello di Antoša Čechonté.

Nel 1884 pubblica la prima raccolta di racconti *Skazki Mel'pomeny* (Le favole di Melpomene), cui seguono *Pëstrye rasskazy* (Racconti variopinti), 1886, *V sumerkach* (Nel crepuscolo) che merita ex equo il premio Puškin nel 1888, *Nevinnye reči* (Discorsi innocenti), 1887, *Rasskazy* (Racconti), 1888, *Chmurye ljudi* (Gente tetra), 1890.

Negli anni Ottanta Čechov si afferma nella vita artistica e letteraria russa. Nel 1880 è presentato dal fratello Nikolaj al pittore paesaggista Isaak Levitan, al quale sarà legato da amicizia.

Nel 1886 uno scrittore della vecchia generazione, Dmitrij Grigorovič, invia a Čechov una lettera in cui, riconoscendo il suo talento, lo invita a lasciare il lavoro giornalistico minuto e a dedicarsi a un'attività letteraria più meditata e impegnata. Questa lettera, alla quale Čechov risponde ampiamente, servì da stimolo per uno sviluppo ulteriore della creazione cechoviana, come appare da opere come *Step'* (La steppa) e *Imeniny* (*L'onomastico*), entrambe del 1888, e *Pripadok* (Un attacco di nervi) e *Skučnaja istorija* (Una storia noiosa), del 1889. A partire dal 1886 inizia la collaborazione al giornale «Novoe vremja» (Tempo nuovo), il cui editore Aleksej Suvorin avrà con Čechov rapporti di amicizia.

Nel 1890 intraprende un viaggio all'isola di Sachalin, «luogo di insopportabili sofferenze», attraverso la sterminata pianura siberiana, per studiare sul luogo le condizioni di vita dei deportati e della popolazione. Risultato delle sue osservazioni è il libro *Ostrov Sachalin* (L'isola di Sachalin), pubblicato nella rivista «Russkaja mysl'» (Il pensiero russo) nel 1893-94. Le impressioni e le riflessioni dettate da quell'esperienza si riflettono anche in racconti come *V ssylke* (Al confino), 1892, *Ubijstvo* (L'omicidio), 1895 e, in particolare, *Palata n. 6* (Il reparto n. 6), 1892.

Negli anni Novanta Čechov compie vari viaggi all'estero. Di ritorno da Sachalin fa una crociera nell'Oceano Indiano. In Europa occidentale soggiorna nel 1891, 1894, 1897-98, 1900-01 e, per l'ultima volta, nel 1904.

Nel 1892 compra una tenuta a Melichovo, nel distretto di Serpuchov. Aiuta i contadini del luogo prestando la sua attività di medico, promuovendo la costruzione di scuole a Melichovo e nei villaggi vicini, organizzando soccorsi in occasione della carestia del 1892 e dell'epidemia di colera del 1892-93 e partecipando al censimento del 1897.

Nel 1894 fa la conoscenza personale con Lev Tolstoj a Jasnaja Poljana e tra i due scrittori si stabiliscono rapporti creativi complessi. Čechov, pur subendo il fascino della personalità e della filosofia del suo grande contemporaneo, affermerà nei suoi confronti una propria posizione etica e artistica.

Nell'ultimo decennio del secolo inizia l'attività drammaturgica maggiore di Čechov, il quale già nella seconda metà degli anni Ottanta aveva lavorato non poco per il teatro con il dramma *Ivanov* (1887-89, pubblicato nel 1889), l'atto unico *Svad'ba* (Il matrimonio), 1889, pubblicato nel 1890, col dramma *Lešij* (Lo spirito del bosco), 1889, pubblicato nel 1890, poi rielaborato nel *Djadja Vanja* (Lo zio Vanja) e una serie di vaudevilles. Del 1896 è la prima di *Čajka* (Il gabbiano) al Teatro Aleksandrinskij, che si risolve in un insuccesso. Nel 1897 è pubblicato *Lo zio Vanja*. Del 1900-01 è *Tri sestry* (Le tre sorelle), mentre il *Višnëvyj sad* (Il giardino dei ciliegi) sarà del 1900-1904. Tutte queste opere sono messe in scena dal Teatro d'arte di Mosca, fondato nel 1898, che in quello stesso anno, il 17 dicembre, rappresenta di nuovo *Il gabbiano*, che ha questa volta un successo trionfale. Al Teatro d'arte e ai suoi registi, in particolare Konstantin Stanislavskij, Čechov resterà legato da vincoli di collaborazione e di amicizia fino alla morte, pur con dissensi, in particolare per l'interpretazione del *Giardino dei ciliegi*.

Parallelamente all'attività teatrale Čechov continua il suo

lavoro di narratore che, dopo una serie di splendidi racconti, culminerà in due opere come *Archierej* (L'arcivescovo), 1902 e *Nevesta* (La fidanzata), 1903.

Nel 1898 Čechov si trasferisce da Melichovo a Jalta, dove si era costruito una casa. Qui ha incontri con Lev Tolstoj, Maksim Gor'kij, Ivan Bunin, Aleksandr Kuprin, Isaak Levitan.

Nel 1901 sposa un'attrice del Teatro d'arte, Ol'ga Knipper.

Apparentemente staccato dalla realtà politica del tempo ed effettivamente estraneo ai suoi aspetti più triti, Čechov al tempo dell'affare Dreyfus sa prendere posizione in favore dell'accusato e rompe i rapporti col giornale «Novoe vremja», facendo prevalere il dissenso con Suvorin sulla loro amicizia. Eletto membro onorario dell'Accademia nel 1900, egli, con Vladimir Korolenko, nel 1902 rinuncia a questa carica in segno di protesta per l'annullamento, imposto da Nicola II, dell'elezione di Gor'kij a membro onorario di tale istituzione.

Il 2 (15) luglio 1904 Čechov muore a Badenweiler, in Germania, località in cui si era recato per cure dopo un aggravamento della tubercolosi. I suoi resti riposano nel cimitero presso il monastero Novodevičij, a Mosca.

C.S.J.

IL GIARDINO DEI CILIEGI
Commedia in quattro atti

ВИШНЕВЫЙ САД
Комедия в четырех действиях

ДЕЙСТВУЮЩИЕ ЛИЦА:

Раневская Любовь Андреевна, помещица.
Аня, ее дочь, 17 лет.
Варя, ее приемная дочь, 24 лет.
Гаев Леонид Андреевич, брат Раневской.
Лопахин Ермолай Алексеевич, купец.
Трофимов Петр Сергеевич, студент.
Симеонов-Пищик Борис Борисович, помещик.
Шарлотта Ивановна, гувернантка.
Епиходов Семен Пантелеевич, конторщик.
Дуняша, горничная.
Фирс, лакей, старик 87 лет.
Яша, молодой лакей.
Прохожий.
Начальник станции.
Почтовый чиновник.
Гости, прислуга.

Действие происходит в имении Л. А. Раневской.

PERSONAGGI

Ljubov' Andreevna Ranevskaja, proprietaria terriera.
Anja, sua figlia, 17 anni.
Varja, sua figlia adottiva, 24 anni.
Leonid Andreevič Gaev, fratello della Ranevskaja.
Ermolaj Alekseevič Lopachin, mercante.
Pëtr Sergeevič Trofimov, studente universitario.
Boris Borisovič Simeonov-Piščik, proprietario terriero.
Charlotta Ivanovna, governante.
Semën Panteleevič Epichodov, contabile.
Dunjaša, cameriera.
Firs, cameriere, un vecchio di 87 anni.
Jaša, giovane cameriere.
Un passante.
Il capostazione.
Un impiegato delle poste.
Ospiti, servitù.

L'azione si svolge nella tenuta della Ranevskaja.

FA CAGARE

ДЕЙСТВИЕ ПЕРВОЕ

Комната, которая до сих пор называется детскою. Одна из дверей ведет в комнату Ани. Рассвет, скоро взойдет солнце. Уже май, цветут вишневые деревья, но в саду холодно, утренник. Окна в комнате закрыты.

(Входят Дуняша со свечой и Лопахин с книгой в руке.)

Лопахин. Пришел поезд, слава богу. Который час?

Дуняша. Скоро два. *(Тушит свечу.)* Уже светло.

Лопахин. На сколько же это опоздал поезд? Часа на два, по крайней мере. *(Зевает и потягивается.)* Я-то хорош, какого дурака свалял! Нарочно приехал сюда, чтобы на станции встретить, и вдруг проспал... Сидя уснул. Досада... Хоть бы ты меня разбудила.

Дуняша. Я думала, что вы уехали. *(Прислушивается.)* Вот, кажется, уже едут.

Лопахин *(прислушивается)*. Нет... Багаж получить, то да се... *(Пауза.)* Любовь Андреевна прожила за границей пять лет, не знаю, какая она теперь стала... Хороший она человек. Легкий, простой человек. Помню, когда я был мальчонком лет пятнадцати, отец мой покойный — он тогда здесь на деревне в лавке торговал — ударил меня по лицу кулаком, кровь пошла из носу... Мы тогда вместе пришли зачем-то во двор, и он выпивши был. Любовь Андреевна, как сейчас помню, еще молоденькая, такая худенькая, подвела меня к рукомойнику, вот в этой самой комнате, в детской. «Не плачь, гово-

ATTO PRIMO

La camera che continua ad essere chiamata camera dei bambini. Una delle porte dà nella camera di Anja. È l'alba: tra poco sorgerà il sole. È già maggio, i ciliegi sono in fiore, ma nel giardino fa freddo, c'è la brina. Le finestre sono chiuse.

(*Entrano Dunjaša con una candela e Lopachin con un libro in mano*)

LOPACHIN Il treno è arrivato, grazie al cielo. Che ore sono?

DUNJAŠA Manca poco alle due. (*Spegne la candela*). È già chiaro.

LOPACHIN Ma che ritardo ha? Di un paio d'ore almeno. (*Sbadiglia e si stira*). Che figuraccia! Vengo qui apposta per aspettarli alla stazione, e mi lascio prendere dal sonno... Seduto in poltrona. Peccato... Potevi svegliarmi, no?

DUNJAŠA Credevo che lei non fosse più qui. (*Tende l'orecchio*). Eccoli, stanno arrivando.

LOPACHIN (*tende l'orecchio*) Macché... Ora che prendono i bagagli e tutto il resto... (*Pausa*). Sono cinque anni che Ljubov' Andreevna vive all'estero, chi sa come è cambiata... Che brava persona! Così semplice, così alla mano. Ricordo, ero un ragazzino, avrò avuto quindici anni, e mio padre buon'anima, che allora aveva una bottega qui al paese, mi aveva tirato un pugno in faccia, e il sangue mi colava dal naso... Eravamo venuti insieme, non so per che motivo qui in villa, e lui era sbronzo. Ljubov' Andreevna, lo ricordo come se fosse oggi, ancora giovane giovane, così esile, mi prese per mano e mi portò proprio qui, nella camera dei bambini, al lavabo. «Non piangere, contadi-

рит, мужичок, до свадьбы заживет...» *(Пауза.)* Мужичок... Отец мой, правда, мужик был, а я вот в белой жилетке, желтых башмаках. Со свиным рылом в калашный ряд... Только что вот богатый, денег много, а ежели подумать и разобраться, то мужик-мужиком... *(Перелистывает книгу.)* Читал вот книгу и ничего не понял. Читал и заснул. *(Пауза.)*

Дуняша. А собаки всю ночь не спали, чуют, что хозяева едут.

Лопахин. Что ты, Дуняша, такая...

Дуняша. Руки трясутся. Я в обморок упаду.

Лопахин. Очень уж ты нежная, Дуняша. И одеваешься, как барышня, и прическа тоже. Так нельзя. Надо себя помнить.

(Входит Епиходов с букетом; он в пиджаке и в ярко вычищенных сапогах, которые сильно скрипят; войдя, он роняет букет.)

Епиходов *(поднимает букет)*. Вот садовник прислал, говорит, в столовой поставить. *(Отдает Дуняше букет.)*

Лопахин. И квасу мне принесешь.

Дуняша. Слушаю. *(Уходит.)*

Епиходов. Сейчас утренник, мороз в три градуса, а вишня вся в цвету. Не могу одобрить нашего климата. *(Вздыхает.)* Не могу. Наш климат не может способствовать в самый раз. Вот, Ермолай Алексеич, позвольте вам присовокупить, купил я себе третьего дня сапоги, а они, смею вас уверить, скрипят так, что нет никакой возможности. Чем бы смазать?

Лопахин. Отстань. Надоел.

Епиходов. Каждый день случается со мной какое-нибудь несчастье. И я не ропщу, привык и даже улыбаюсь.

(Дуняша входит, подает Лопахину квас.)

nello, – mi fa, – non è niente, domani passa tutto... (*Pausa*). Contadinello... Sì, mio padre era un contadino, e io sono qui in gilet bianco e scarpe gialle. Un villan rifatto... Solo che adesso sono ricco, ho un sacco di soldi, ma gratta gratta, salta fuori il bifolco... (*Sfoglia il libro*). Mi sono messo a leggere questo libro e non ho capito niente. E mi sono addormentato. (*Pausa*).

DUNJAŠA I cani sono rimasti svegli tutta la notte: sentono l'arrivo dei padroni.

LOPACHIN Ti vedo strana...

DUNJAŠA Mi tremano le mani. Mi sento svenire.

LOPACHIN Come siamo delicati. Ti vesti come la padroncina, ti pettini allo stesso modo. Così non va, Dunjaša. Ognuno al suo posto.

(*Entra Epichodov con un mazzo di fiori. È in giacchetta e stivali lucidissimi, che scricchiolano forte; quando entra, il mazzo gli cade per terra*)

EPICHODOV (*raccoglie il mazzo*) Lo manda il giardiniere. Dice di metterlo nella sala da pranzo. (*Dà il mazzo a Dunjaša*).

LOPACHIN Giacché ci sei, portami del kvas.

DUNJAŠA Sissignore. (*Se ne va*).

EPICHODOV Fuori c'è la gelata, tre gradi sotto zero, e i ciliegi sono tutti in fiore. Il nostro clima non mi garba proprio per niente. (*Sospira*). Proprio per niente. È un clima che non dà nessun contributo. Ecco, Ermolaj Alekseevič, mi permetto di aggiungere, questi stivali li ho comprati due giorni fa, e oso dire, scricchiolano a più non posso. Magari dovrei ungerli?

LOPACHIN Levati di torno, seccatore.

EPICHODOV Tutti i giorni me ne capita una. Ma io non mi lamento. Non ci faccio caso e persino sorrido.

(*Entra Dunjaša, porge a Lopachin il kvas*)

Епиходов. Я пойду. *(Натыкается на стул, который падает.)* Вот... *(Как бы торжествуя.)* Вот видите, извините за выражение, какое обстоятельство, между прочим... Это просто даже замечательно! *(Уходит.)*

Дуняша. А мне, Ермолай Алексеич, признаться, Епиходов предложение сделал.

Лопахин. А!

Дуняша. Не знаю, уж как... Человек он смирный, а только иной раз, как начнет говорить, ничего не поймешь. И хорошо, и чувствительно, только непонятно. Мне он как будто и нравится. Он меня любит безумно. Человек он несчастливый, каждый день что-нибудь. Его так и дразнят у нас: двадцать два несчастья...

Лопахин *(прислушивается)*. Вот, кажется, едут...

Дуняша. Едут! Что ж это со мной... похолодела вся.

Лопахин. Едут, в самом деле. Пойдем встречать. Узнает ли она меня? Пять лет не видались.

Дуняша *(в волнении)*. Я сейчас упаду... Ах, упаду!

(Слышно, как к дому подъезжают два экипажа. Лопахин и Дуняша быстро уходят. Сцена пуста. В соседних комнатах начинается шум. Через сцену, опираясь на палочку, торопливо проходит Фирс, ездивший встречать Любовь Андреевну; он в старинной ливрее и в высокой шляпе; что-то говорит сам с собой, но нельзя разобрать ни одного слова. Шум за сценой все усиливается. Голос: — «Вот пройдемте здесь»... Любовь Андреевна, Аня и Шарлотта Ивановна с собачкой на цепочке, одетые по-дорожному, Варя в пальто и платке, Гаев, Симеонов-Пищик, Лопахин, Дуняша с узлом и зонтиком, прислуга с вещами — все идут через комнату.)

Аня. Пройдемте здесь. Ты, мама, помнишь, какая это комната?

EPICHODOV Vado. (*Urta contro una sedia, la sedia cade*). Ecco... (*Con aria di trionfo*). Ecco, vedete, con licenza parlando, è una circostanza, tra l'altro... È fantastico! (*Esce*).

DUNJAŠA Devo dire, Ermolaj Alekseevič, che Epichodov mi ha chiesto la mano.

LOPACHIN Ah!

DUNJAŠA Non so che dire... È una persona tranquilla, ma appena apre la bocca, chi lo capisce è bravo. Parla bene, con grande sentimento, ma non si capisce niente. Non è che mi dispiaccia. E poi mi ama alla follia. È così disgraziato, gliene capita sempre una. Per questo lo chiamano trentatre disgrazie...

LOPACHIN (*tende l'orecchio*) Ecco, adesso sono loro...

DUNJAŠA Sono loro! Che cosa mi succede? Mi sento tutta gelata...

LOPACHIN Sono loro. Andiamogli incontro. Chissà se Ljubov' Andreevna mi riconoscerà? Sono cinque anni che non ci vediamo...

DUNJAŠA (*agitata*) Oh, Dio, svengo. Ah, svengo!

(Si sentono due vetture avvicinarsi alla casa. Lopachin e Dunjaša escono in fretta. Scena vuota. Nelle camere attigue comincia a sentirsi rumore. Attraverso la scena, appoggiandosi al bastone, con aria frettolosa passa Firs di ritorno dalla stazione dove era andato a incontrare Ljubov' Andreevna: indossa un'antica livrea e un cappello alto di cupola, borbotta qualcosa fra sé, ma non si riesce a capire una parola. Il rumore dietro la scena aumenta sempre. Voci: «Passiamo di qua...» Ljubov' Andreevna, Anja e Charlotta Ivanovna con un cagnolino al guinzaglio, vestite da viaggio. Varja in paltò e foulard in testa, Gaev, Simeonov-Piščik, Lopachin, Dunjaša con un fagotto e un ombrello, domestici con valige – tutti attraversano la camera)

ANJA Passiamo di qua. Te la ricordi, mamma, che camera è questa?

Любовь Андреевна (*радостно, сквозь слезы*). Детская!

Варя. Как холодно, у меня руки закоченели. (*Любови Андреевне.*) Ваши комнаты, белая и фиолетовая, такими же и остались, мамочка.

Любовь Андреевна. Детская, милая моя, прекрасная комната... Я тут спала, когда была маленькой... (*Плачет.*) И теперь я как маленькая... (*Целует брата, Варю, потом опять брата.*) А Варя попрежнему все такая же, на монашку похожа. И Дуняшу я узнала... (*Целует Дуняшу.*)

Гаев. Поезд опоздал на два часа. Каково? Каковы порядки?

Шарлотта (*Пищику*). Моя собака и орехи кушает.

Пищик (*удивленно*). Вы подумайте!

(*Уходят все, кроме Ани и Дуняши.*)

Дуняша. Заждались мы... (*Снимает с Ани пальто, шляпу.*)

Аня. Я не спала в дороге четыре ночи... теперь озябла очень.

Дуняша. Вы уехали в великом посту, тогда был снег, был мороз, а теперь? Милая моя! (*Смеется, целует ее.*) Заждалась вас, радость моя, светик... Я скажу вам сейчас, одной минутки не могу утерпеть...

Аня (*вяло*). Опять что-нибудь...

Дуняша. Конторщик Епиходов после святой мне предложение сделал.

Аня. Ты все об одном... (*Поправляя волосы.*) Я растеряла все шпильки... (*Она очень утомлена, даже пошатывается.*)

Дуняша. Уж я не знаю, что и думать. Он меня любит, так любит!

Аня (*глядит в свою дверь, нежно*). Моя комната, мои окна, как будто я не уезжала. Я дома! Завтра утром

LJUBOV' ANDREEVNA (*con gioia, trattenendo le lacrime*) Quella dei bambini!

VARJA Che freddo, non sento più le dita. (*A Ljubov' Andreevna*). Le sue camere, mamma, quella bianca e quella viola, sono rimaste tali e quali.

LJUBOV' ANDREEVNA O mia cara, splendida cameretta... Dormivo qui, quando ero bambina. (*Piange*). Anche adesso sono come una bambina. (*Bacia il fratello, Varja, poi di nuovo il fratello*). Varja invece è sempre tale e quale, sembra una monaca. Anche Dunjaša l'ho riconosciuta... (*Bacia Dunjaša*).

GAEV Il treno è arrivato con due ore di ritardo. Che ve ne pare! Bel sistema è questo!

CHARLOTTA (*a Piščik*) Il mio cane mangia anche le nocciole.

PIŠČIK (*con aria stupita*) Ma pensa!

(*Escono tutti tranne Anja e Dunjaša*)

DUNJAŠA Non vedevamo l'ora di riavervi qui... (*Toglie ad Anja il cappotto e il cappello*).

ANJA Quattro notti di treno senza chiudere occhio... adesso sento un gran freddo.

DUNJAŠA Quando lei è partita, era quaresima, c'era la neve, c'era il gelo, e adesso? Angelo mio! (*Ride e le dà un bacio*). Non vedevo l'ora di riavervi, gioia mia, mia stella! Le voglio dire una cosa, subito, non posso aspettare...

ANJA (*fiaccamente*) Siamo alle solite?

DUNJAŠA Il contabile Epichodov, subito dopo Pasqua, mi ha fatto la dichiarazione.

ANJA Non hai altro per la testa... (*Ravviandosi i capelli*). Ho perso tutte le forcine... (*È tanto stanca che barcolla*).

DUNJAŠA Non so proprio che pensare. Mi ama alla follia!

ANJA (*si affaccia alla porta della sua camera, teneramente*) La mia camera, le mie finestre, come se non fossi mai andata via. Sono a casa! Domani mattina mi alzerò e

встану, побегу в сад... О, если бы я могла уснуть! Я не спала всю дорогу, томило меня беспокойство.

Дуняша. Третьего дня Петр Сергеич приехали.

Аня *(радостно)*. Петя!

Дуняша. В бане спят, там и живут. Боюсь, говорят, стеснить. *(Взглянув на свои карманные часы.)* Надо бы их разбудить, да Варвара Михайловна не велела. Ты, говорит, его не буди.

(Входит Варя, на поясе у нее вязка ключей.)

Варя. Дуняша, кофе поскорей... Мамочка кофе просит.

Дуняша. Сию минуточку. *(Уходит.)*

Варя. Ну, слава богу, приехали. Опять ты дома. *(Ласкаясь.)* Душечка моя приехала! Красавица приехала!

Аня. Натерпелась я.

Варя. Воображаю!

Аня. Выехала я на страстной неделе, тогда было холодно. Шарлотта всю дорогу говорит, представляет фокусы. И зачем ты навязала мне Шарлотту...

Варя. Нельзя же тебе одной ехать, душечка. В семнадцать лет!

Аня. Приезжаем в Париж, там холодно, снег. По-французски говорю я ужасно. Мама живет на пятом этаже, прихожу к ней, у нее какие-то французы, дамы, старый патер с книжкой, и накурено, неуютно. Мне вдруг стало жаль мамы, так жаль, я обняла ее голову, сжала руками и не могу выпустить. Мама потом все ласкалась, плакала...

Варя *(сквозь слезы)*. Не говори, не говори...

Аня. Дачу свою около Ментоны она уже продала, у нее ничего не осталось, ничего. У меня тоже не осталось ни копейки, едва доехали. И мама не понимает! Сядем на

correrò in giardino... Oh, se potessi prendere sonno! Non ho chiuso occhio per tutto il viaggio, ero così in pena.

DUNJAŠA L'altro ieri è arrivato Pëtr Sergeevič.

ANJA (*con gioia*) Petja!

DUNJAŠA Dorme fuori, nella casetta del bagno, e lì ci abita, non voglio disturbare, dice. (*Guarda l'orologio da tasca*). Bisognerebbe svegliarlo, ma Varvara Michajlovna ha detto di lasciarlo stare.

(*Entra Varja, alla cintola le pende un mazzo di chiavi*)

VARJA Dunjaša, svelta, il caffè... mamma vuole il caffè.

DUNJAŠA All'istante. (*Esce*).

VARJA Grazie al cielo, ormai siete qui. Sei di nuovo a casa. (*Facendo ad Anja carezze*). La mia fatina è di nuovo qui! La mia stella!

ANJA Se tu sapessi quante ne ho passate!

VARJA Immagino!

ANJA Sono partita la settimana santa, quando faceva freddo. Per tutto il viaggio Charlotta non ha smesso di parlare e di fare i suoi giochi di prestigio. Perché poi me l'hai imposta?

VARJA Mica potevi partire da sola, bambina mia! A diciassette anni?

ANJA Arriviamo a Parigi, fa un freddo, nevica, il francese lo parlo malissimo. Mamma abita al quarto piano. Salgo dai lei e trovo dei francesi, qualche signora, un vecchio prete con un libro e un'atmosfera piena di fumo e di squallore. Di colpo ho provato pena per la mamma, le ho stretto la testa tra le braccia e non l'avrei più lasciata. Mamma dopo era molto affettuosa e piangeva...

VARJA (*trattenendo le lacrime*) Non dirmelo, non dirmelo...

ANJA La villa nei pressi di Mentone l'aveva ormai venduta; non aveva più nulla, proprio nulla. Anch'io ero rimasta senza un soldo, non so come abbiamo fatto a tornare. E mamma non capisce! Se si va al ristorante in una

вокзале обедать, и она требует самое дорогое и на чай лакеям дает по рублю. Шарлотта тоже. Яша тоже требует себе порцию, просто ужасно. Ведь у мамы лакей Яша, мы привезли его сюда...

Варя. Видела подлеца.

Аня. Ну что̀, как? Заплатили проценты?

Варя. Где там.

Аня. Боже мой, боже мой...

Варя. В августе будут продавать имение...

Аня. Боже мой...

Лопахин (*заглядывает в дверь и мычит*). Ме-е-е... (*Уходит.*)

Варя (*сквозь слезы*). Вот так бы и дала ему... (*Грозит кулаком.*)

Аня (*обнимает Варю, тихо*). Варя, он сделал предложение (*Варя отрицательно качает головой.*) Ведь он же тебя любит... Отчего вы не объяснитесь, чего вы ждете?

Варя. Я так думаю, ничего у нас не выйдет. У него дела много, ему не до меня... и внимания не обращает. Бог с ним совсем, тяжело мне его видеть... Все говорят о нашей свадьбе, все поздравляют, а на самом деле ничего нет, все как сон... (*Другим тоном.*) У тебя брошка вроде как пчелка.

Аня (*печально*). Это мама купила. (*Идет в свою комнату, говорит весело, по-детски.*) А в Париже я на воздушном шаре летала!

Варя. Душечка моя приехала! Красавица приехала!

(*Дуняша уже вернулась с кофейником и варит кофе.*)

Варя (*стоит около двери.*) Хожу я, душечка, цельный день по хозяйству и все мечтаю. Выдать бы тебя за богатого человека, и я бы тогда была покойней, пошла бы себе в пустынь, потом в Киев... в Москву, и так бы все ходила по святым местам... Ходила бы и ходила. Благолепие!..

Аня. Птицы поют в саду. Который теперь час?

stazione, lei ordina i piatti più cari e ad ogni cameriere dà un rublo di mancia. Anche Charlotta fa così. Pure Jaša si fa dare una porzione, è terribile. Sai che mamma ha un cameriere, Jaša, lo abbiamo portato qui...

VARJA L'ho visto, quel mascalzone.

ANJA E qui? Gli interessi sono stati pagati?

VARJA Macché.

ANJA Dio mio, Dio mio...

VARJA In agosto sarà messa in vendita la tenuta.

ANJA Dio mio...

LOPACHIN (*fa capolino dalla porta e fa il verso della mucca*) Meee-ee-ee... (*Scompare*).

VARJA (*trattenendo le lacrime*) Gliene darei tante, a quello lì... (*Fa un gesto di minaccia col pugno*).

ANJA (*abbraccia Varja, parla sottovoce*) Ti ha fatto la dichiarazione? (*Varja scuote la testa in segno di diniego*). Ma se ti vuol bene... Perché non parlate, che cosa aspettate?

VARJA Penso che non se ne farà niente. È tutto preso dal suo lavoro, lui, non ha tempo di pensare a me... non mi guarda neanche. Lasciamolo perdere, sto male quando lo vedo... Tutti parlano del nostro matrimonio, tutti si complimentano, ma in realtà non c'è niente, sono tutte fantasie... (*Con altro tono*). Che bella spilla hai, sembra un'ape.

ANJA (*triste*) Me l'ha comprata la mamma. (*Va in camera sua, parla gaiamente, come una bambina*). Sai, a Parigi ho fatto un volo sulla mongolfiera!

VARJA La mia fatina è di nuovo qui! La mia stella!

(*Dunjaša è rientrata con la caffettiera e prepara il caffè*)

VARJA (*ferma vicino alla porta*) Tutto il giorno, bambina mia, sono indaffarata qui in casa e non faccio che sognare. Trovarti un marito ricco, e allora anch'io sarei più tranquilla, andrei in pellegrinaggio a un monastero, poi a Kiev... a Mosca, e così girerei per tutti i luoghi santi... da uno all'altro. Che paradiso!..

ANJA Gli uccelli cantano in giardino. Che ore sono?

Варя. Должно, третий. Тебе пора спать, душечка. *(Входя в комнату к Ане.)* Благолепие!

(Входит Яша с пледом, дорожной сумочкой.)

Яша *(идет через сцену, деликатно)*. Тут можно пройти-с?

Дуняша. И не узнаешь вас, Яша. Какой вы стали за границей.

Яша. Гм... А вы кто?

Дуняша. Когда вы уезжали отсюда, я была этакой... *(Показывает от полу.)* Дуняша, Федора Козоедова дочь. Вы не помните!

Яша. Гм... Огурчик! *(Оглядывается и обнимает ее; она вскрикивает и роняет блюдечко. Яша быстро уходит.)*

Варя *(в дверях, недовольным голосом)*. Что еще тут?

Дуняша *(сквозь слезы)*. Блюдечко разбила...

Варя. Это к добру.

Аня *(выйдя из своей комнаты)*. Надо бы маму предупредить: Петя здесь...

Варя. Я приказала его не будить.

Аня *(задумчиво)*. Шесть лет тому назад умер отец, через месяц утонул в реке брат Гриша, хорошенький семилетний мальчик. Мама не перенесла, ушла, ушла без оглядки... *(Вздрагивает.)* Как я ее понимаю, если бы она знала! *(Пауза.)* А Петя Трофимов был учителем Гриши, он может напомнить...

(Входит Фирс, он в пиджаке и белом жилете.)

Фирс *(идет к кофейнику, озабоченно)*. Барыня здесь будут кушать... *(Надевает белые перчатки.)* Готов кофий? *(Строго Дуняше.)* Ты! А сливки?

Дуняша. Ах, боже мой... *(Быстро уходит.)*

Фирс *(хлопочет около кофейника)*. Эх, ты, недоте-

VARJA Le due passate, credo. È ora che vai a letto, bambina mia. (*Entra nella camera di Anja*). Che paradiso!

(*Entra Jaša con un plaid e una borsetta da viaggio*)

JAŠA (*attraversa la scena, parla con delicatezza*) Col suo permesso, signorina...

DUNJAŠA È impossibile riconoscerla, Jaša. Quanto è cambiato stando all'estero.

JAŠA Mmmm... Ma lei chi è?

DUNJAŠA Quando lei è partito io ero grande così. (*Mostra l'altezza dal suolo*). Sono Dunjaša, la figlia di Fëdor Kozoedov. Ma lei non può ricordare!

JAŠA Mmmm... Guarda che bocconcino! (*Guarda intorno e l'abbraccia; lei getta un grido e lascia cadere un piattino. Jaša esce rapidamente*).

VARJA (*sulla porta, con tono seccato*) Che succede?

DUNJAŠA (*trattenendo le lacrime*) Ho rotto un piattino.

VARJA È di buon augurio.

ANJA (*uscendo dalla sua camera*) Bisognerebbe avvertire mamma che Petja è qui...

VARJA Ho detto di non svegliarlo.

ANJA (*pensosamente*) Sei anni fa è morto papà, un mese dopo è annegato nel fiume mio fratello Griša, un bambino di sette anni bello come un angelo, mamma non ce l'ha fatta e se n'è andata, senza indugio... (*Sussulta*). Come la capisco, se sapesse! (*Pausa*). Petja Trofimov era il maestro di Griša, potrebbe risvegliare ricordi...

(*Entra Firs: è in giacca e gilet bianco*)

FIRS (*dirigendosi verso la caffettiera, con fare preoccupato*) La signora prenderà il caffè qui... (*Infila i guanti bianchi*). È pronto il caffè? (*Con aria severa a Dunjaša*). Ehi, tu! E la panna?

DUNJAŠA Oh, Dio mio... (*Esce in fretta*).

FIRS (*si affaccenda intorno alla caffettiera*) Che tonti...

па... *(Бормочет про себя.)* Приехали из Парижа... И барин когда-то ездил в Париж... на лошадях... *(Смеется.)*

Варя. Фирс, ты о чем?

Фирс. Чего изволите? *(Радостно.)* Барыня моя приехала! Дождался! Теперь хоть и помереть... *(Плачет от радости.)*

(Входят Любовь Андреевна, Гаев и Симеонов-Пищик; Симеонов-Пищик в поддевке из тонкого сукна и шароварах. Гаев, входя, руками и туловищем делает движения, как будто играет на бильярде.)

Любовь Андреевна. Как это? Дай-ка вспомнить... Желтого в угол! Дуплет в середину!

Гаев. Режу в угол! Когда-то мы с тобой, сестра, спали вот в этой самой комнате, а теперь мне уже 51 год, как это ни странно...

Лопахин. Да, время идет.

Гаев. Кого?

Лопахин. Время, говорю, идет.

Гаев. А здесь пачулями пахнет.

Аня. Я спать пойду. Спокойной ночи, мама. *(Целует мать.)*

Любовь Андреевна. Ненаглядная дитюся моя. *(Целует ей руки.)* Ты рада, что ты дома? Я никак в себя не приду.

Аня. Прощай, дядя.

Гаев *(целует ей лицо, руки)*. Господь с тобой. Как ты похожа на свою мать! *(Сестре.)* Ты, Люба, в ее годы была точно такая.

(Аня подает руку Лопахину и Пищику, уходит и затворяет за собой дверь.)

Любовь Андреевна. Она утомилась очень.

Пищик. Дорога, небось, длинная.

Варя *(Лопахину и Пищику)*. Что ж, господа? Третий час, пора и честь знать.

(*Borbotta tra sé*). È tornata da Parigi... Anche il signore ai suoi tempi andava a Parigi... in carrozza... (*Ride*).

VARJA Che hai, Firs?

FIRS Comandi? (*Con gioia*). È tornata la mia signora! Ho fatto a tempo a vederla! Adesso posso anche morire... (*Piange di gioia*).

(*Entrano Ljubov' Andreevna, Gaev e Simeonov-Piščik che indossa una casacca di panno fino e pantaloni a sbuffo. Gaev, entrando, muove le braccia e il busto come se giocasse a biliardo*)

LJUBOV' ANDREEVNA Com'è? Aspetta che mi ricordo... La gialla all'angolo! Doppietta al centro!

GAEV Di taglio in angolo. Una volta noi due, sorella, dormivamo in questa camera e adesso ho già cinquantun anni, per quanto strano possa sembrare...

LOPACHIN Sì, il tempo passa.

GAEV Prego?

LOPACHIN Dico che il tempo passa.

GAEV Che puzza di paciulì che si sente!

ANJA Io vado a letto. Buona notte, mamma. (*Bacia la madre*).

LJUBOV' ANDREEVNA Cara la mia bimbina! (*Le bacia le mani*). Sei contenta di essere a casa? Io non ci credo ancora.

ANJA Buona notte, zio.

GAEV (*le bacia il viso e le mani*) Dio ti benedica. Come somigli a tua madre. (*Alla sorella*). Ljuba, alla sua età eri tale e quale.

(*Anja dà la mano a Lopachin e a Piščik ed esce, chiudendo la porta*).

LJUBOV' ANDREEVNA È molto stanca.

PIŠČIK Non è mica uno scherzo tutto quel viaggio.

VARJA (*a Lopachin e a Piščik*) Ebbene, signori? Sono le due passate. Vogliamo togliere l'incomodo?

Любовь Андреевна (*смеется*). Ты все такая же, Варя. (*Привлекает ее к себе и целует.*) Вот выпью кофе, тогда все уйдем. (*Фирс кладет ей под ноги подушечку.*) Спасибо, родной. Я привыкла к кофе. Пью его и днем, и ночью. Спасибо, мой старичок. (*Целует Фирса.*)

Варя. Поглядеть, все ли вещи привезли... (*Уходит.*)

Любовь Андреевна. Неужели это я сижу? (*Смеется.*) Мне хочется прыгать, размахивать руками. (*Закрывает лицо руками.*) А вдруг я сплю! Видит бог, я люблю родину, люблю нежно, я не могла смотреть из вагона, все плакала. (*Сквозь слезы.*) Однако же, надо пить кофе. Спасибо тебе, Фирс, спасибо, мой старичок. Я так рада, что ты еще жив.

Фирс. Позавчера.

Гаев. Он плохо слышит.

Лопахин. Мне сейчас, в пятом часу утра, в Харьков ехать. Такая досада! Хотелось поглядеть на вас, поговорить... Вы все такая же великолепная.

Пищик (*тяжело дышит*). Даже похорошела... Одета по-парижскому... пропадай моя телега, все четыре колеса...

Лопахин. Ваш брат, вот Леонид Андреич, говорит про меня, что я хам, я кулак, но это мне решительно все равно. Пускай говорит. Хотелось бы только, чтобы вы мне верили попрежнему, чтобы ваши удивительные, трогательные глаза глядели на меня, как прежде. Боже милосердный! Мой отец был крепостным у вашего деда и отца, но вы, собственно вы, сделали для меня когда-то так много, что я забыл все и люблю вас, как родную... больше, чем родную.

Любовь Андреевна. Я не могу усидеть, не в состоянии... (*Вскакивает и ходит в сильном волнении.*) Я не переживу этой радости... Смейтесь надо мной, я глупая... Шкапик мой родной... (*Целует шкап.*) Столик мой...

Гаев. А без тебя тут няня умерла.

Любовь Андреевна (*садится и пьет кофе*). Да,

LJUBOV' ANDREEVNA (*ride*) Sei sempre la stessa, Varja. (*L'attira a sé e la bacia*). Prendo il caffè e poi ce ne andiamo tutti. (*Firs le mette un cuscinetto sotto i piedi*). Grazie, caro. Ho preso l'abitudine al caffè. Lo bevo a tutte le ore. Grazie, vecchierello mio. (*Bacia Firs*).

VARJA Vado a vedere se hanno portato tutti i bagagli... (*Esce*).

LJUBOV' ANDREEVNA Ma sono io o non sono io? (*Ride*). Ho voglia di correre e di saltare. (*Si copre il viso con le mani*). E se stessi sognando? Dio lo sa quanto amo la mia terra natale, la amo teneramente, non riuscivo a guardare dal finestrino del vagone, piangevo continuamente. (*Trattenendo le lacrime*). Insomma, beviamo questo caffè. Grazie, Firs, grazie, vecchierello mio. Sono così contenta che tu sia ancora tra noi.

FIRS L'altro ieri.

GAEV Sente poco...

LOPACHIN Fra poco, alle quattro, devo partire per Char'kov. Che disdetta! Avrei voluto restare qui, guardarla, parlarle... Lei è sempre splendida.

PIŠČIK (*col respiro affannoso*) Si è fatta anche più bella... E poi così, vestita alla parigina... c'è da perdere la testa...

LOPACHIN Suo fratello, Leonid Andreevič, dice di me che sono un villano, uno sfruttatore. Ma non me ne importa niente. Lo dica pure. Vorrei soltanto che lei avesse fiducia in me come prima e che i suoi meravigliosi e dolci occhi mi guardassero come una volta. Dio mio! Mio padre era servo di suo nonno e di suo padre, ma lei, lei in persona, ha fatto tanto per me e io ho dimenticato tutto e le voglio bene come a una sorella... anzi, più che a una sorella.

LJUBOV' ANDREEVNA Non riesco a restar seduta, non posso... (*Salta in piedi e passeggia in uno stato di grande agitazione*). Il mio cuore non regge a tanta gioia! Ridete pure di me, sono una sciocca... Mio carissimo armadietto... (*Bacia l'armadio-libreria*). Tavolino mio...

GAEV Durante la tua assenza è morta la nostra balia...

LJUBOV' ANDREEVNA (*si rimette a sedere e beve il caf-*

царство небесное. Мне писали.

Гаев. И Анастасий умер. Петрушка Косой от меня ушел и теперь в городе у пристава живет. *(Вынимает из кармана коробку с леденцами, сосет.)*

Пищик. Дочка моя, Дашенька... вам кланяется...

Лопахин. Мне хочется сказать вам что-нибудь очень приятное, веселое. *(Взглянув на часы.)* Сейчас уеду, некогда разговаривать... ну, да я в двух-трех словах. Вам уже известно, вишневый сад ваш продается за долги, на 22-е августа назначены торги, но вы не беспокойтесь, моя дорогая, спите себе спокойно, выход есть... Вот мой проект. Прошу внимания! Ваше имение находится только в двадцати верстах от города, возле прошла железная дорога, и если вишневый сад и землю по реке разбить на дачные участки и отдавать потом в аренду под дачи, то вы будете иметь самое малое 25 тысяч в год дохода.

Гаев. Извините, какая чепуха!

Любовь Андреевна. Я вас не совсем понимаю, Ермолай Алексеич.

Лопахин. Вы будете брать с дачников самое малое по 25 рублей в год за десятину, и если теперь же объявите, то, я ручаюсь чем угодно, у вас до осени не останется ни одного свободного клочка, все разберут. Одним словом, поздравляю, вы спасены. Местоположение чудесное, река глубокая. Только, конечно, нужно поубрать, почистить... например, скажем, снести все старые постройки, вот этот дом, который уже никуда не годится, вырубить старый вишневый сад...

Любовь Андреевна. Вырубить? Милый мой, простите, вы ничего не понимаете. Если во всей губернии есть что-нибудь интересное, даже замечательное, так это только наш вишневый сад.

fè) Sì, pace all'anima sua. Me l'hanno scritto.

GAEV Anche Anastasij è morto. Petruška il Guercio mi ha lasciato. Si è sistemato in città in casa del commissario. (*Tira fuori dalla tasca una scatoletta di caramelle e ne succhia una*).

PIŠČIK Dašen'ka, la mia figliola... le manda i suoi saluti...

LOPACHIN Vorrei dirle qualcosa di bello che la metta di buon umore. (*Getta uno sguardo all'orologio*). Ora devo andare, non c'è il tempo per le chiacchiere... mi sbrigo, dunque, in due parole. Lei sa già che il vostro giardino dei ciliegi è stato messo in vendita per pagare i debiti, l'asta è fissata per il ventidue agosto. Ma non deve preoccuparsi, mia cara, e può dormire tranquilla, un rimedio c'è... Ecco il mio progetto. Attenzione, prego! La vostra proprietà è appena a venti chilometri dalla città, accanto ci passa la ferrovia, e se il giardino dei ciliegi e tutto il terreno lungo il fiume viene diviso in piccoli lotti per costruirci dei villini da dare in affitto, avrete una rendita di almeno venticinquemila rubli all'anno.

GAEV Mi scusi, che sciocchezze!

LJUBOV' ANDREEVNA Non ho capito bene, Ermolaj Alekseevič.

LOPACHIN Ogni ettaro in affitto ai villeggianti vi frutterà perlomeno venticinque rubli all'anno, e se mettete subito in giro la voce, vi garantisco su tutto quello che volete che entro il prossimo autunno non resterà un fazzoletto di terra, andrà tutto a ruba. Quindi, congratulazioni, siete salvi. La posizione è splendida, il fiume profondo. Solo che, naturalmente, bisogna ripulire, sistemare un po'... ad esempio, eliminare tutte le vecchie costruzioni, cominciando da questa casa che non serve a niente, abbattere il vecchio giardino dei ciliegi...

LJUBOV' ANDREEVNA Abbattere? Scusi, mio caro, lei non capisce niente. Se c'è una cosa interessante, in questi paraggi, anzi notevole, è proprio il nostro giardino dei ciliegi!

Лопахин. Замечательного в этом саду только то, что он очень большой. Вишня родится раз в два года, да и ту девать некуда, никто не покупает.

Гаев. И в «Энциклопедическом словаре» упоминается про этот сад.

Лопахин (*взглянув на часы*). Если ничего не придумаем и ни к чему не придем, то 22-го августа и вишневый сад, и все имение будут продавать с аукциона. Решайтесь же! Другого выхода нет, клянусь вам. Нет и нет.

Фирс. В прежнее время, лет 40—50 назад, вишню сушили, мочили, мариновали, варенье варили и, бывало...

Гаев. Помолчи, Фирс.

Фирс. И бывало, сушеную вишню возами отправляли в Москву и в Харьков. Денег было! И сушеная вишня тогда была мягкая, сочная, сладкая, душистая... Способ тогда знали...

Любовь Андреевна. А где же теперь этот способ?

Фирс. Забыли. Никто не помнит.

Пищик (*Любови Андреевне*). Что в Париже? Как? Ели лягушек?

Любовь Андреевна. Крокодилов ела.

Пищик. Вы подумайте...

Лопахин. До сих пор в деревне были только господа и мужики, а теперь появились еще дачники. Все города, даже самые небольшие, окружены теперь дачами. И можно сказать, дачник лет через двадцать размножится до необычайности. Теперь он только чай пьет на балконе, но, ведь, может случиться, что на своей одной десятине он займется хозяйством, и тогда ваш вишневый сад станет счастливым, богатым, роскошным...

Гаев (*возмущаясь*). Какая чепуха!

(Входят Варя и Яша.)

LOPACHIN Di notevole in questo giardino c'è una cosa soltanto: che è grande. Le ciliege vengono sì e no una volta ogni due anni e non si sa che farne: non le vuole nessuno.

GAEV Si fa menzione del nostro giardino persino nel «Dizionario enciclopedico».

LOPACHIN (*guardando l'orologio*) Se non si trova un rimedio e non si conclude niente, il ventidue agosto il giardino dei ciliegi e il resto della proprietà saranno messi all'asta. Decidete dunque! Un'altra via d'uscita non c'è. Glielo giuro. Non c'è e non c'è.

FIRS Ai miei tempi, quaranta-cinquanta anni fa, le ciliege venivano essiccate, messe in salamoia, fatte marinare, si faceva la marmellata. E mi ricordo...

GAEV Zitto, Firs.

FIRS Mi ricordo che le ciliege secche venivano mandate a carrettate a Mosca e a Char'kov. E rendevano fior di quattrini. Le ciliege secche a quei tempi erano tenere, succose, dolci, profumate... Allora si sapeva come fare...

LJUBOV' ANDREEVNA E adesso non si sa più?

FIRS È stato dimenticato. Nessuno se lo ricorda.

PIŠČIK (*a Ljubov' Andreevna*) Che ne dice di Parigi? Ha mangiato ranocchie?

LJUBOV' ANDREEVNA Coccodrilli ho mangiato.

PIŠČIK Ma pensa!

LOPACHIN Prima in campagna c'erano soltanto signori e contadini. Adesso ci sono anche i villeggianti. Tutte le città oggi, anche le più piccole, sono circondate da villini. E si può essere certi che fra una ventina d'anni di villeggianti ce ne sarà una marea. Adesso questa gente se ne sta sul balcone a prendere il tè, ma potrebbe succedere che si metta a coltivare il proprio pezzo di terra, e allora il vostro giardino dei ciliegi diventerà splendido, florido, rigoglioso...

GAEV (*sdegnato*) Che sciocchezze!

(*Entrano Varja e Jaša*)

Варя. Тут, мамочка, вам две телеграммы. *(Выбирает ключ и со звоном отпирает старинный шкап.)* Вот они.

Любовь Андреевна. Это из Парижа. *(Рвет телеграммы, не прочитав.)* С Парижем кончено...

Гаев. А ты знаешь, Люба, сколько этому шкапу лет? Неделю назад я выдвинул нижний ящик, гляжу, а там выжжены цифры. Шкап сделан ровно сто лет тому назад. Каково? А? Можно было бы юбилей отпраздновать. Предмет неодушевленный, а все-таки, как-никак, книжный шкап.

Пищик *(удивленно)*. Сто лет... Вы подумайте!..

Гаев. Да... Это вещь... *(Ощупав шкап.)* Дорогой, многоуважаемый шкап! Приветствую твое существование, которое вот уже больше ста лет было направлено к светлым идеалам добра и справедливости; твой молчаливый призыв к плодотворной работе не ослабевал в течение ста лет, поддерживая *(сквозь слезы)* в поколениях нашего рода бодрость, веру в лучшее будущее и воспитывая в нас идеалы добра и общественного самосознания. *(Пауза.)*

Лопахин. Да...

Любовь Андреевна. Ты все такой же, Леня.

Гаев *(немного сконфуженный)*. От шара направо в угол! Режу в среднюю!

Лопахин *(поглядев на часы)*. Ну, мне пора.

Яша *(подает Любови Андреевне лекарства)*. Может, примете сейчас пилюли...

Пищик. Не надо принимать медикаменты, милейшая... от них ни вреда, ни пользы... Дайте-ка сюда... многоуважаемая. *(Берет пилюли, высыпает их себе на ладонь, дует на них, кладет в рот и запивает квасом.)* Вот!

Любовь Андреевна *(испуганно)*. Да вы с ума сошли!

Пищик. Все пилюли принял.

Лопахин. Экая прорва! *(Все смеются.)*

VARJA Qui ci sono due telegrammi per lei, mamma. (*Sceglie una chiave dal mazzo e con rumore apre il vecchio armadio*). Eccoli.

LJUBOV' ANDREEVNA Vengono da Parigi. (*Strappa i telegrammi senza neanche leggerli*). Con Parigi è finita...

GAEV Lo sai, Ljuba, quanti anni ha quest'armadio? Una settimana fa apro il cassetto in basso e ci vedo dei numeri impressi a fuoco. È stato fatto esattamente cent'anni fa. Che ne dici? Eh? Se ne potrebbe celebrare il centenario. È un oggetto inanimato, d'accordo, ma è pur sempre un armadio-libreria.

PIŠČIK (*stupito*) Cent'anni... Ma pensa!..

GAEV Già... È una gran cosa... (*Toccando l'armadio-libreria*). Caro, egregio armadio! Saluto la tua esistenza che da più di cent'anni è consacrata ai luminosi ideali del bene e della giustizia; il tuo silenzioso appello a un fecondo lavoro non è venuto mai meno nel corso di cent'anni, mantenendo (*trattenendo le lacrime*) nelle generazioni della nostra casata alacrità e fede in un futuro migliore e infondendo in noi gli ideali del bene e della coscienza civile. (*Pausa*).

LOPACHIN Eh già...

LJUBOV' ANDREEVNA Tu sei sempre lo stesso, Lënja.

GAEV (*un po' confuso*) Dritta la palla destra in angolo! Smorzata al centro!

LOPACHIN (*guardando l'orologio*) Be', devo andare.

JAŠA (*porge a Ljubov' Andreevna le medicine*) Non vuole prendere adesso le pastiglie?

PIŠČIK Per carità, carissima, non bisogna prendere farmaci... Sono perfettamente inutili... Me li dia... egregia. (*Prende le pastiglie, le mette sul palmo della mano, ci soffia sopra, se le mette in bocca e le trangugia bevendo kvas*). Ecco fatto!

LJUBOV' ANDREEVNA (*spaventata*) Ma è diventato matto!

PIŠČIK Le ho prese tutte.

LOPACHIN Che stomaco! (*Tutti ridono*).

Фирс. Они были у нас на святой, полведра огурцов скушали... *(Бормочет.)*

Любовь Андреевна. О чем это он?

Варя. Уж три года так бормочет. Мы привыкли.

Яша. Преклонный возраст.

(Шарлотта Ивановна в белом платье, очень худая, стянутая, с лорнеткой на поясе, проходит через сцену.)

Лопахин. Простите, Шарлотта Ивановна, я не успел еще поздороваться с вами. *(Хочет поцеловать у нее руку.)*

Шарлотта *(отнимая руку)*. Если позволить вам поцеловать руку, то вы потом пожелаете в локоть, потом в плечо...

Лопахин. Не везет мне сегодня. *(Все смеются.)* Шарлотта Ивановна, покажите фокус!

Любовь Андреевна. Шарлотта, покажите фокус!

Шарлотта. Не надо. Я спать желаю. *(Уходит.)*

Лопахин. Через три недели увидимся. *(Целует Любови Андреевне руку.)* Пока прощайте. Пора. *(Гаеву.)* До свиданция. *(Целуется с Пищиком.)* До свиданция. *(Подает руку Варе, потом Фирсу и Яше.)* Не хочется уезжать. *(Любови Андреевне.)* Ежели надумаете насчет дач и решите, тогда дайте знать, я взаймы тысяч пятьдесят достану. Серьезно подумайте.

Варя *(сердито)*. Да уходите же, наконец!

Лопахин. Ухожу, ухожу... *(Уходит.)*

Гаев. Хам. Впрочем, пардон... Варя выходит за него замуж, это Варин женишок.

Варя. Не говорите, дядечка, лишнего.

Любовь Андреевна. Что ж, Варя, я буду очень рада. Он хороший человек.

Пищик. Человек, надо правду говорить... достойнейший... И моя Дашенька... тоже говорит, что... разные сло-

FIRS A Pasqua è stato qui da noi e ha fatto fuori una montagna di cetrioli... (*Borbotta*).

LJUBOV' ANDREEVNA Che cosa dice?

VARJA Sono tre anni che borbotta così. Ci siamo abituati.

JAŠA È la veneranda età.

(*Charlotta Ivanovna vestita di bianco, magrissima, attillata, con l'occhialetto alla cintola attraversa la scena*)

LOPACHIN Scusi, Charlotta Ivanovna, non ho avuto ancora il tempo di salutarla. (*Vuole baciarle la mano*).

CHARLOTTA (*ritrae la mano*) Se le si lascia baciare la mano, vorrà poi baciare il gomito, poi la spalla...

LOPACHIN Non me ne va bene una oggi. (*Tutti ridono*). Charlotta Ivanovna, ci faccia un gioco di prestigio!

LJUBOV' ANDREEVNA Charlotta, sì, ci faccia un gioco di prestigio!

CHARLOTTA Lasciamo stare. Desidero andare a letto. (*Se ne va*).

LOPACHIN Ci rivedremo fra tre settimane. (*Bacia la mano a Ljubov' Andreevna*). Intanto la saluto. Devo andare. (*A Gaev*). Arrivedermici. (*Abbraccia Piščik*). Arrivedermici. (*Dà la mano a Varja, poi a Firs e a Jaša*). Non ho nessuna voglia di andarmene. (*A Ljubov' Andreevna*). Se cambia idea a proposito dei villini e prende una decisione, me lo faccia sapere. Un prestito di cinquantamila glielo trovo io. Ci pensi sul serio.

VARJA (*arrabbiata*) Ma insomma se ne va?

LOPACHIN Vado, vado... (*Esce*).

GAEV Villano. Oh, pardon... Varja lo sposa. È il suo fidanzatino.

VARJA Non parli troppo, zio.

LJUBOV' ANDREEVNA Ma sì, Varja, io sarei molto contenta. È una gran brava persona.

PIŠČIK Bisogna dire la verità, è proprio una degnissima persona... Anche la mia Dašen'ka... anche lei dice che...

ва говорит. *(Храпит, но тотчас же просыпается.)* А все-таки, многоуважаемая, одолжите мне... взаймы 240 рублей... завтра по закладной проценты платить...

Варя *(испуганно)*. Нету, нету!

Любовь Андреевна. У меня в самом деле нет ничего.

Пищик. Найдутся. *(Смеется.)* Не теряю никогда надежды. Вот, думаю, уж все пропало, погиб, ан глядь, — железная дорога по моей земле прошла, и... мне заплатили. А там, гляди, еще что-нибудь случится не сегодня, завтра... Двести тысяч выиграет Дашенька... у нее билет есть.

Любовь Андреевна. Кофе выпит, можно на покой.

Фирс *(чистит щеткой Гаева, наставительно)*. Опять не те брючки надели. И что мне с вами делать!

Варя *(тихо)*. Аня спит. *(Тихо отворяет окно.)* Уже взошло солнце, не холодно. Взгляните, мамочка: какие чудесные деревья! Боже мой, воздух! Скворцы поют!

Гаев *(отворяет другое окно)*. Сад весь белый. Ты не забыла, Люба? Вот эта длинная аллея идет прямо-прямо, точно протянутый ремень, она блестит в лунные ночи. Ты помнишь? Не забыла?

Любовь Андреевна *(глядит в окно на сад)*. О, мое детство, чистота моя! В этой детской я спала, глядела отсюда на сад, счастье просыпалось вместе со мною каждое утро, и тогда он был точно таким, ничто не изменилось. *(Смеется от радости.)* Весь, весь белый! О, сад мой! После темной ненастной осени и холодной зимы, опять ты молод, полон счастья, ангелы небесные не покинули тебя... Если бы снять с груди и с плеч моих тяжелый камень, если бы я могла забыть мое прошлое!

Гаев. Да, и сад продадут за долги, как это ни странно...

Любовь Андреевна. Посмотрите, покойная мама идет по саду... в белом платье! *(Смеется от радости.)* Это она.

Гаев. Где?

Варя. Господь с вами, мамочка.

tante cose dice. (*Si mette a russare, ma subito si sveglia*). Eppure, egregia, mi presti... duecentoquaranta rubli... domani devo versare gli interessi dell'ipoteca.

VARJA (*spaventata*) No, non ne abbiamo!

LJUBOV' ANDREEVNA Sul serio, non ho soldi.

PIŠČIK Li troverò. (*Ride*). Io non perdo mai la speranza. Un giorno penso: sono finito, rovinato, ma salta fuori la ferrovia che passa sul mio terreno e... mi pagano. Magari capiterà ancora qualcosa di simile, se non oggi, domani. Dašen'ka vincerà duecentomila rubli... ha un biglietto della lotteria.

LJUBOV' ANDREEVNA Il caffè l'abbiamo bevuto, si può andare a letto.

FIRS (*spazzola Gaev, con aria di riprovazione*) Si è messo ancora i pantaloni sbagliati. Quante volte glielo devo dire?

VARJA (*sottovoce*) Anja dorme. (*Apre piano la finestra*). Si è già levato il sole, non fa freddo. Guardi, mamma: che alberi meravigliosi. Dio mio, che aria! Sentite gli storni!

GAEV (*apre l'altra finestra*) È tutto bianco il giardino. Ti ricordi ancora, Ljuba? Questo lungo viale è dritto dritto, come un nastro teso, e nelle notti di luna luccica. Te lo ricordi? Non l'hai dimenticato?

LJUBOV' ANDREEVNA (*guarda il giardino dalla finestra*) O mia infanzia, o purezza mia! Dormivo in questa stanza, di qui guardavo il giardino, ogni mattina la felicità si ridestava con me e anche allora il giardino era uguale, non è mutato nulla. (*Ride di gioia*). Tutto, tutto bianco! O giardino mio! Dopo il grigio, piovoso autunno e il freddo inverno sei di nuovo giovane, pieno di felicità, gli angeli non ti hanno abbandonato... Oh se potessi togliermi di dosso questa pesante pietra, potessi dimenticare il mio passato!

GAEV Già. E il giardino adesso sarà venduto per debiti, per quanto ciò sia strano...

LJUBOV' ANDREEVNA Guardate, la povera mamma passeggia in giardino... vestita di bianco! (*Ride di gioia*). È lei.

GAEV Dove?

VARJA Che Dio la protegga, mamma!

Любовь Андреевна. Никого нет, мне показалось. Направо, на повороте к беседке, белое деревцо склонилось, похоже на женщину...

(Входит Трофимов, в поношенном студенческом мундире, в очках.)

Любовь Андреевна. Какой изумительный сад! Белые массы цветов, голубое небо...

Трофимов. Любовь Андреевна! *(Она оглянулась на него.)* Я только поклонюсь вам и тотчас же уйду. *(Горячо целует руку.)* Мне приказано было ждать до утра, но у меня нехватило терпения...

(Любовь Андреевна глядит с недоумением.)

Варя *(сквозь слезы)*. Это Петя Трофимов...

Трофимов. Петя Трофимов, бывший учитель вашего Гриши... Неужели я так изменился?

(Любовь Андреевна обнимает его и тихо плачет.)

Гаев *(смущенно)*. Полно, полно, Люба.

Варя *(плачет)*. Говорила ведь, Петя, чтобы погодили до завтра.

Любовь Андреевна. Гриша мой... мой мальчик... Гриша... сын...

Варя. Что же делать, мамочка. Воля божья.

Трофимов *(мягко, сквозь слезы)*. Будет, будет...

Любовь Андреевна *(тихо плачет)*. Мальчик погиб, утонул... Для чего? Для чего, мой друг? *(Тише.)* Там Аня спит, а я громко говорю... поднимаю шум... Что же, Петя? Отчего вы так подурнели? Отчего постарели?

Трофимов. Меня в вагоне одна баба назвала так: облезлый барин.

Любовь Андреевна. Вы были тогда совсем мальчиком, милым студентиком, а теперь волосы не густые,

LJUBOV' ANDREEVNA Non c'è nessuno, mi è sembrato. Lì a destra, alla svolta del berceau, c'è un curvo alberello bianco, sembra una donna...

(*Entra Trofimov con una logora divisa da studente, ha gli occhiali*)

TROFIMOV Ljubov' Andreevna! (*Lei si volta a guardarlo*). Voglio solo porgerle i miei omaggi e poi me ne vado. (*Le bacia con calore la mano*). Mi avevano ordinato di aspettare fino al mattino, ma non ho resistito.

(*Ljubov' Andreevna lo guarda perplessa*)

VARJA (*trattenendo le lacrime*) È Petja Trofimov.

TROFIMOV Petja Trofimov, l'ex maestro del suo Griša... Sono così cambiato?

(*Ljubov' Andreevna lo abbraccia e piange sommessamente*)

GAEV (*turbato*) Su, su, Ljuba.

VARJA (*piange*) Le avevo detto, Petja, di aspettare domani.

LJUBOV' ANDREEVNA Il mio Griša... il mio bambino... Griša... mio figlio...

VARJA Che farci, mamma? È la volontà di Dio.

TROFIMOV (*dolcemente, trattenendo le lacrime*) Basta, basta...

LJUBOV' ANDREEVNA (*piange sommessamente*) Il mio bambino è morto, annegato. Perché? Perché, amico mio? (*Abbassando ancora la voce*). Là c'è Anja che dorme, e io parlo forte... faccio rumore... Allora, mi dica, Petja, come mai è così sciupato, come mai è così invecchiato?

TROFIMOV Una donna in treno mi ha chiamato signore spelacchiato.

LJUBOV' ANDREEVNA Allora lei era proprio un ragazzo, un simpatico studentello, mentre adesso ha pochi capelli,

очки. Неужели вы все еще студент? *(Идет к двери.)*

Трофимов. Должно быть, я буду вечным студентом.

Любовь Андреевна *(целует брата, потом Варю)*. Ну, идите спать... Постарел и ты, Леонид.

Пищик *(идет за ней)*. Значит, теперь спать... Ох, подагра моя. Я у вас останусь... Мне бы, Любовь Андреевна, душа моя, завтра утречком... 240 рублей...

Гаев. А этот все свое.

Пищик. 240 рублей... проценты по закладной платить.

Любовь Андреевна. Нет у меня денег, голубчик.

Пищик. Отдам, милая... Сумма пустячная...

Любовь Андреевна. Ну, хорошо, Леонид даст... Ты дай, Леонид.

Гаев. Дам я ему, держи карман.

Любовь Андреевна. Что же делать, дай... Ему нужно... Он отдаст.

(Любовь Андреевна, Трофимов, Пищик и Фирс уходят. Остаются Гаев, Варя и Яша.)

Гаев. Сестра не отвыкла еще сорить деньгами. *(Яше.)* Отойди, любезный, от тебя курицей пахнет.

Яша *(с усмешкой)*. А вы, Леонид Андреевич, все такой же, как были.

Гаев. Кого? *(Варе.)* Что он сказал?

Варя *(Яше)*. Твоя мать пришла из деревни, со вчерашнего дня сидит в людской, хочет повидаться...

Яша. Бог с ней совсем!

Варя. Ах, бесстыдник!

Яша. Очень нужно. Могла бы и завтра прийти. *(Уходит.)*

Варя. Мамочка такая же, как была, нисколько не изменилась. Если бы ей волю, она бы все роздала.

Гаев. Да... *(Пауза.)* Если против какой-нибудь болезни предлагается очень много средств, то это значит,

porta gli occhiali. Possibile che sia ancora studente? (*Si avvia verso la porta*).

TROFIMOV Forse sarò un eterno studente.

LJUBOV' ANDREEVNA (*bacia il fratello, poi Varja*) Su, andate a dormire... Anche tu sei invecchiato, Leonid.

PIŠČIK (*le va dietro*) Dunque adesso tutti a nanna... Ah, questa mia gotta. Rimango da voi... Io, Ljubov' Andreevna, anima mia, domani mattina avrei bisogno... di duecentoquaranta rubli...

GAEV Sempre la stessa musica.

PIŠČIK Duecentoquaranta rubli... per gli interessi dell'ipoteca.

LJUBOV' ANDREEVNA Non ho soldi, mio caro.

PIŠČIK Glieli restituisco, tesoro... Cosa vuole che siano?

LJUBOV' ANDREEVNA Va bene. Glieli darà Leonid. Daglieli tu, Leonid.

GAEV Un corno!

LJUBOV' ANDREEVNA Che vuoi farci, daglieli... Ne ha bisogno. Li restituirà.

(*Ljubov' Andreevna, Trofimov, Piščik e Firs escono. Restano Gaev, Varja e Jaša*)

GAEV Mia sorella ha sempre le mani bucate. (*A Jaša*). Scansati, bel tomo, puzzi di gallina.

JAŠA (*con un ghigno*) Lei, Leonid Andreevič, è sempre lo stesso.

GAEV Prego? (*A Varja*). Cos'ha detto?

VARJA (*a Jaša*) È venuta tua madre dal paese: è da ieri che ti aspetta nella stanza della servitù. Vuole vederti.

JAŠA Ma che ci è venuta a fare?

VARJA Svergognato che non sei altro!

JAŠA Uffa! Poteva aspettare domani. (*Esce*).

VARJA Mamma è sempre la stessa, non è cambiata neppure un po'. Se la si lasciasse fare, darebbe via tutto.

GAEV Già... (*Pausa*). Se per curare una malattia si prescrivono troppe medicine, allora vuol dire che è una malat-

что болезнь неизлечима. Я думаю, напрягаю мозги, у меня много средств, очень много и, значит, в сущности, ни одного. Хорошо бы получить от кого-нибудь наследство, хорошо бы выдать нашу Аню за очень богатого человека, хорошо бы поехать в Ярославль и попытать счастья у тетушки-графини. Тетка ведь очень, очень богата.

Варя *(плачет)*. Если бы бог помог.

Гаев. Не реви. Тетка очень богата, но нас она не любит. Сестра, во-первых, вышла замуж за присяжного поверенного, не дворянина...

(Аня показывается в дверях.)

Гаев. Вышла за не дворянина и вела себя, нельзя сказать, чтобы очень добродетельно. Она хорошая, добрая, славная, я ее очень люблю, но, как там ни придумывай смягчающие обстоятельства, все же, надо сознаться, она порочна. Это чувствуется в ее малейшем движении.

Варя *(шопотом)*. Аня стоит в дверях.

Гаев. Кого? *(Пауза.)* Удивительно, мне что-то в правый глаз попало... плохо стал видеть. И в четверг, когда я был в окружном суде...

(Входит Аня.)

Варя. Что же ты не спишь, Аня?

Аня. Не спится. Не могу.

Гаев. Крошка моя. *(Целует Ане лицо, руки.)* Дитя мое... *(Сквозь слезы.)* Ты не племянница, ты мой ангел, ты для меня все. Верь мне, верь...

Аня. Я верю тебе, дядя. Тебя все любят, уважают... но, милый дядя, тебе надо молчать, только молчать. Что ты говорил только что про мою маму, про свою сестру? Для чего ты это говорил?

Гаев. Да, да... *(Ее рукой закрывает себе лицо.)* В самом деле, это ужасно! Боже мой! Боже, спаси меня! И сегодня я речь говорил перед шкапом... так глупо!

tia incurabile. Io penso, spremo le meningi, e di rimedi ne trovo tanti, tantissimi, quindi in sostanza non ne ho neppure uno. Sarebbe bello ricevere un'eredità, sarebbe bello trovare per la nostra Anja un marito straricco, sarebbe bello andare a Jaroslavl' e tentare la sorte con la zia contessa. La zia è molto, molto ricca.

VARJA (*piange*) Se Dio ci aiutasse.

GAEV Non frignare. La zia è molto ricca, ma non ci vuol bene. Innanzi tutto perché mia sorella ha sposato un avvocato, e non un nobile...

(*Anja compare sulla porta*)

GAEV Ha sposato uno che non era nobile e non si può dire sia stata uno specchio di virtù. È tanto cara, simpatica, buona, io le voglio molto bene, ma, per quanto si cerchi le attenuanti, si deve riconoscere che è viziosa. Lo si avverte in ogni suo minimo movimento.

VARJA (*sussurrando*) C'è Anja.

GAEV Prego? (*Pausa*). Che strano! Qualcosa mi è entrato nell'occhio destro. Non ci vedo più. E giovedì, quando sono andato al tribunale distrettuale...

(*Entra Anja*)

VARJA Perché non dormi, Anja?

ANJA Non riesco a prender sonno.

GAEV Piccola mia... (*La bacia sul viso e sulle mani*) Bambina mia... (*Trattenendo le lacrime*). Tu non sei mia nipote, sei il mio angelo, sei tutto per me. Credimi, credimi...

ANJA Ti credo, zio. Tutti ti amano, ti stimano... Ma, caro zio, tu dovresti tacere, soltanto tacere. Che hai detto poco fa di mia madre, di tua sorella? Perché l'hai detto?

GAEV Sì, sì... (*Prende la mano di lei e si copre la faccia*). È proprio orribile! Dio mio! Salvami! Anche oggi ho fatto un discorso davanti all'armadio... Quanto era stupido! E

И только когда кончил, понял, что глупо.

Варя. Правда, дядечка, вам надо бы молчать. Молчите себе и все.

Аня. Если будешь молчать, то тебе же самому будет покойнее.

Гаев. Молчу. *(Целует Ане и Варе руки.)* Молчу. Только вот о деле. В четверг я был в окружном суде, ну, сошлась компания, начался разговор о том, о сем, пятое-десятое, и, кажется, вот можно будет устроить заем под векселя, чтобы заплатить проценты в банк.

Варя. Если бы господь помог!

Гаев. Во вторник поеду, еще раз поговорю. *(Варе.)* Не реви. *(Ане.)* Твоя мама поговорит с Лопахиным; он, конечно, ей не откажет... А ты, как отдохнешь, поедешь в Ярославль к графине, твоей бабушке. Вот так и будем действовать с трех концов — и дело наше в шляпе. Проценты мы заплатим, я убежден... *(Кладет в рот леденец.)* Честью моей, чем хочешь клянусь, имение не будет продано! *(Возбужденно.)* Счастьем моим клянусь! Вот тебе моя рука, назови меня тогда дрянным, бесчестным человеком, если я допущу до аукциона! Всем существом моим клянусь!

Аня *(спокойное настроение вернулось к ней, она счастлива)*. Какой ты хороший, дядя, какой умный! *(Обнимает дядю.)* Я теперь покойна! Я покойна! Я счастлива!

(Входит Фирс.)

Фирс *(укоризненно)*. Леонид Андреич, бога вы не боитесь! Когда же спать?

Гаев. Сейчас, сейчас. Ты уходи, Фирс. Я уж, так и быть, сам разденусь. Ну, детки, бай-бай... Подробности завтра, а теперь идите спать. *(Целует Аню и Варю.)* Я человек восьмидесятых годов... Не хвалят это время, но все же, могу сказать, за убеждения мне доставалось немало в жизни. Недаром меня мужик любит. Мужика надо знать! Надо знать, с какой...

solo quando ho finito ho capito che era stupido.

VARJA Davvero, zio, lei dovrebbe tacere. Taccia e basta.

ANJA Se tacerai, sarà meglio anche per te.

GAEV Non parlo più. (*Bacia le mani ad Anja e a Varja*). Non parlo più. Soltanto una parola sulle nostre faccende. Giovedì sono stato in tribunale, si è riunita una bella compagnia, si è cominciato a parlare del più e del meno ed è saltato fuori che forse si può fare un prestito con cambiali, così da pagare gli interessi alla banca.

VARJA Se Dio ci aiutasse.

GAEV Ci ritorno martedì, e ne voglio riparlare. (*A Varja*). Non frignare. (*Ad Anja*). Tua madre parlerà a Lopachin, lui, naturalmente, non le dirà di no... E tu, quando ti sarai riposata, andrai a Jaroslavl' dalla zia contessa. Così agiremo su tre fronti e l'affare è fatto. Gli interessi li pagheremo, ne sono sicuro... (*Si mette in bocca una caramella*). Te lo giuro sul mio onore, su quello che vuoi, la tenuta non sarà venduta! (*Con esaltazione*). Giuro sulla mia testa! Eccoti la mano: potrei dire che sono un meschino, un infame, se permetterò che si faccia l'asta! Lo giuro sulla mia stessa vita!

ANJA (*è tornata serena, è felice*) Come sei caro, zio, come sei intelligente! (*Lo abbraccia*). Adesso sono tranquilla! Sono tranquilla! Sono felice!

(*Entra Firs*)

VECCHIO CAMERIERE

FIRS (*con tono di rimprovero*) Leonid Andreevič, si vergogni. Ancora in piedi? Ma non va a dormire?

GAEV Subito, subito. Tu, Firs, puoi andare, mi spoglierò da solo. Allora, bambine, a nanna... I particolari a domani. Adesso andate a dormire. (*Bacia Anja e Varja*). Ho la mentalità degli anni Ottanta, io... È un'epoca che non suscita simpatie, eppure posso dire che per le mie idee ho pagato di persona. Non per nulla i contadini mi vogliono bene. I contadini bisogna conoscerli! Bisogna sapere da che parte...

А н я. Опять ты, дядя!

В а р я. Вы, дядечка, молчите.

Ф и р с *(сердито)*. Леонид Андреич!

Г а е в. Иду, иду... Ложитесь. От двух бортов в середину! Кладу чистого... *(Уходит, за ним семенит Фирс.)*

А н я. Я теперь покойна. В Ярославль ехать не хочется, я не люблю бабушку, но все же я покойна. Спасибо дяде. *(Садится.)*

В а р я. Надо спать. Пойду. А тут без тебя было неудовольствие. В старой людской, как тебе известно, живут одни старые слуги: Ефимьюшка, Поля, Евстигней, ну и Карп. Стали они пускать к себе ночевать каких-то проходимцев — я промолчала. Только вот, слышу, распустили слух, будто я велела кормить их одним только горохом. От скупости, видишь ли... И это все Евстигней... Хорошо, думаю. Коли так, думаю, то погоди же. Зову я Евстигнея... *(Зевает.)* Приходит... Как же ты, говорю, Евстигней... дурак ты этакий... *(Поглядев на Аню.)* Аничка!.. *(Пауза.)* Заснула... *(Берет Аню под руку.)* Пойдем в постельку... Пойдем!.. *(Ведет ее.)* Душечка моя уснула! Пойдем... *(Идут.)*

(Далеко за садом пастух играет на свирели. Трофимов идет через сцену и, увидев Варю и Аню, останавливается.)

В а р я. Тссс... Она спит... спит... Пойдем, родная.

А н я *(тихо, в полусне)*. Я так устала... все колокольчики... Дядя... милый, и мама и дядя...

В а р я. Пойдем, родная, пойдем... *(Уходят в комнату Ани.)*

Т р о ф и м о в *(в умилении)*. Солнышко мое! Весна моя!

З а н а в е с

ANJA Ricominci, zio?

VARJA Lei deve stare zitto, caro zio.

FIRS (*arrabbiato*) Leonid Andreevič!

GAEV Vengo, vengo... Andate a dormire. Doppia sponda al centro! Colpo in pieno... (*Esce, Firs lo segue a passettini*).

ANJA Adesso sono tranquilla. D'andare a Jaroslavl' non ho voglia, non voglio bene alla zia, eppure sono tranquilla. Grazie allo zio. (*Si siede*).

VARJA Bisogna andare a letto. Io vado. Qui durante la tua assenza è accaduto un fatto antipatico. Nella vecchia stanza della servitù, come sai, vivono solo i vecchi domestici: Efim'juška, Polja, Evstignej... e Karp. A un certo punto vengo a sapere che fanno entrare per la notte certi tipi, ma io sto zitta. Poi mi giunge all'orecchio la diceria che io avrei dato l'ordine di dar loro da mangiare soltanto piselli. Per far economia, capisci... Chi è stato? Evstignej. Benone, penso. Se è così, ti faccio vedere io. Mando a chiamare Evstignej... (*Sbadiglia*). Lui viene... Come ti permetti, gli dico... stupido che non sei altro... (*Guarda Anja*). Anečka!.. (*Pausa*). Dorme... (*Prende Anja sotto braccio*). Andiamo a nanna... Andiamo... (*La conduce*). La mia fatina si è addormentata! Andiamo... (*Vanno assieme*).

(*Lontano, oltre il giardino, un pastore suona il piffero. Trofimov attraversa la scena e, vedendo Varja e Anja, si ferma*)

VARJA Ssss... Dorme... dorme... Andiamo tesoro.

ANJA (*piano, nel dormiveglia*) Sono così stanca... tutte queste campanelle... Zio... caro, e la mamma e lo zio...

VARJA Andiamo, amore, andiamo... (*Vanno in camera di Anja*).

TROFIMOV (*intenerito*) Stellina mia! Primavera mia!

Sipario

ДЕЙСТВИЕ ВТОРОЕ

Поле. Старая, покривившаяся, давно заброшенная часовенка, возле нее колодец, большие камни, когда-то бывшие, повидимому, могильными плитами, и старая скамья. Видна дорога в усадьбу Гаева. В стороне, возвышаясь, темнеют тополи: там начинается вишневый сад. Вдали ряд телеграфных столбов, и далеко-далеко на горизонте неясно обозначается большой город, который бывает виден только в очень хорошую, ясную погоду. Скоро сядет солнце. Ш а р л о т т а, Я ш а и Д у н я ш а сидят на скамье; Е п и х о д о в стоит возле и играет на гитаре; все сидят задумавшись. Ш а р л о т т а в старой фуражке; она сняла с плеч ружье и поправляет пряжку на ремне.

Ш а р л о т т а *(в раздумье)*. У меня нет настоящего паспорта, я не знаю, сколько мне лет, и мне все кажется, что я молоденькая. Когда я была маленькой девочкой, то мой отец и мамаша ездили по ярмаркам и давали представления, очень хорошие. А я прыгала salto-mortale и разные штучки. И когда папаша и мамаша умерли, меня взяла к себе одна немецкая госпожа и стала меня учить. Хорошо. Я выросла; потом пошла в гувернантки. А откуда я и кто я, — не знаю... Кто мои родители, может, они не венчались... не знаю. *(Достает из кармана огурец и ест.)* Ничего не знаю. *(Пауза.)* Так хочется поговорить, а не с кем... Никого у меня нет.

Е п и х о д о в *(играет на гитаре и поет)*. «Что мне до шумного света, что мне друзья и враги...» Как приятно играть на мандолине!

Д у н я ш а. Это гитара, а не мандолина. *(Глядится в зеркальце и пудрится.)*

ATTO SECONDO

Campagna. Una piccola vecchia cappella cadente abbandonata da tempo, accanto alla quale ci sono un pozzo, grandi pietre che in passato dovevano essere state lastre tombali e una vecchia panchina. Si vede la strada che conduce alla tenuta di Gaev. Da un lato si stagliano scuri alti pioppi: è lì che comincia il giardino dei ciliegi. In lontananza una fila di pali telegrafici e, molto distante, all'orizzonte, si delinea vagamente una grande città, visibile solo quando il tempo è molto bello e sereno. Tra breve calerà il sole. Charlotta, Jaša e Dunjaša sono seduti sulla panchina. Epichodov è in piedi lì vicino e suona la chitarra; tutti e tre sono seduti immersi nei propri pensieri. Charlotta ha un vecchio berretto con visiera; si è tolta dalla spalla un fucile e sta aggiustando la fibbia della cinghia.

CHARLOTTA (*con aria meditabonda*) Non ho un vero passaporto; non so quanti anni ho e mi sembra di essere una ragazzina. Quand'ero piccola mio padre e mia madre giravano per le fiere e davano spettacoli, proprio belli. Io facevo il salto mortale e altri numeri. Quando papà e mamma morirono, una signora tedesca mi prese con sé e mi fece studiare. Bene, sono cresciuta e sono andata a fare la governante. E di dove vengo e chi sono, non lo so... Chi erano i miei genitori? Forse non erano neanche sposati... non lo so. (*Prende dalla tasca un cetriolo e lo mangia*). Non so niente. (*Pausa*). Avrei tanta voglia di parlare con qualcuno, ma con chi... Non ho nessuno.

EPICHODOV (*suona la chitarra e canta*) «Non mi importa del mondo chiassoso, non mi importa di chi mi è nemico...» Quanto è piacevole suonare il mandolino...

DUNJAŠA È una chitarra, quella, non è un mandolino. (*Si guarda nello specchio e s'incipria*).

Е п и х о д о в. Для безумца, который влюблен, это мандолина... *(Напевает.)* «Было бы сердце согрето жаром взаимной любви...»

(Яша подпевает.)

Ш а р л о т т а. Ужасно поют эти люди... фуй! Как шакалы.

Д у н я ш а *(Яше)*. Все-таки какое счастье побывать за границей.

Я ш а. Да, конечно. Не могу с вами не согласиться. *(Зевает, потом закуривает сигару.)*

Е п и х о д о в. Понятное дело. За границей все давно уж в полной комплекции.

Я ш а. Само собой.

Е п и х о д о в. Я развитой человек, читаю разные замечательные книги, но никак не могу понять направления, чего мне собственно хочется, жить мне, али застрелиться, собственно говоря, но тем не менее, я всегда ношу при себе револьвер. Вот он... *(Показывает револьвер.)*

Ш а р л о т т а. Кончила. Теперь пойду. *(Надевает ружье.)* Ты, Епиходов, очень умный человек и очень страшный; тебя должны безумно любить женщины. Бррр! *(Идет.)* Эти умники все такие глупые, не с кем мне поговорить... Все одна, одна, никого у меня нет и... и кто я, зачем я, неизвестно... *(Уходит не спеша.)*

Е п и х о д о в. Собственно говоря, не касаясь других предметов, я должен выразиться о себе, между прочим, что судьба относится ко мне без сожаления, как буря к небольшому кораблю. Если, допустим, я ошибаюсь, тогда зачем же сегодня утром я просыпаюсь, к примеру сказать, гляжу, а у меня на груди страшной величины паук... Вот такой. *(Показывает обеими руками.)* И тоже квасу возьмешь, чтобы напиться, а там, глядишь, что-нибудь в высшей степени неприличное, вроде таракана. *(Пауза.)* Вы читали Бокля? *(Пауза.)* Я желаю побеспокоить вас, Авдотья Федоровна, на пару слов.

EPICHODOV Per il folle che si è innamorato questo è un mandolino... (*Canta*). «Se risponde al mio cuor generoso il palpito di un cuore amico...».

(*Jaša canticchia il motivo in sordina*)

CHARLOTTA Che strazio! Pfui! Sembra di sentire un branco di sciacalli.

DUNJAŠA (*a Jaša*) Però che fortuna fare un viaggio all'estero.

JAŠA Sì, certo. Non posso darle torto. (*Sbadiglia, poi accende un sigaro*).

EPICHODOV Si capisce. All'estero c'è tutto un altro contesto.

JAŠA È logico.

EPICHODOV Io sono un uomo colto, leggo una quantità di bellissimi libri, eppure non riesco a capire qual è la tendenza, insomma che cosa voglio, vivere o spararmi, per dirla chiara, ma ciononostante porto sempre con me una rivoltella. Eccola... (*Mostra la rivoltella*).

CHARLOTTA Ho finito. Me ne vado. (*Si mette il fucile a tracolla*). Epichodov, tu sei una persona molto intelligente e sei anche molto terribile. Le donne devono impazzire per te. Brrr! (*Si avvia*). Questi intelligentoni sono tutti così stupidi, non si sa con chi parlare... Sono sempre sola, sola, non ho nessuno. E chi sono, e perché ci sono non si sa... (*Se ne va senza fretta*).

EPICHODOV Insomma, a prescindere da altri argomenti, io devo dire di me, tra l'altro, che il destino mi tratta senza pietà, come la tempesta un piccolo vascello. Anche se si ammette che mi sbagli, allora perché, per fare un esempio, questa mattina quando mi sveglio, mi vedo sul petto un ragno enorme, grosso così? (*Fa vedere con tutte e due le mani*). E se prendo qualcosa per bere, dentro ci trovo una roba oscena come uno scarafaggio. (*Pausa*). Avete letto Buckle? (*Pausa*). Vorrei disturbarla, Avdot'ja Fëdorovna, per dirle due parole.

Д у н я ш а. Говорите.

Е п и х о д о в. Мне бы желательно с вами наедине... *(Вздыхает.)*

Д у н я ш а *(смущенно)*. Хорошо... только сначала принесите мне мою тальмочку... Она около шкапа... тут немножко сыро...

Е п и х о д о в. Хорошо-с... принесу-с... Теперь я знаю, что мне делать с моим револьвером... *(Берет гитару и уходит, наигрывая.)*

Я ш а. Двадцать два несчастья! Глупый человек, между нами говоря. *(Зевает.)*

Д у н я ш а. Не дай бог, застрелится. *(Пауза.)* Я стала тревожная, все беспокоюсь. Меня еще девочкой взяли к господам, я теперь отвыкла от простой жизни, и вот руки белые, белые, как у барышни. Нежная стала, такая деликатная, благородная, всего боюсь... Страшно так. И если вы, Яша, обманете меня, то я не знаю, что будет с моими нервами.

Я ш а *(целует ее)*. Огурчик! Конечно, каждая девушка должна себя помнить, и я больше всего не люблю, ежели девушка дурного поведения.

Д у н я ш а. Я страстно полюбила вас, вы образованный, можете обо всем рассуждать. *(Пауза.)*

Я ш а *(зевает)*. Да-с... По-моему так: ежели девушка кого любит, то она, значит, безнравственная. *(Пауза.)* Приятно выкурить сигару на чистом воздухе... *(Прислушивается.)* Сюда идут... Это господа...

(Дуняша порывисто обнимает его.)

Я ш а. Идите домой, будто ходили на реку купаться, идите этой дорожкой, а то встретятся и подумают про меня, будто я с вами на свидании. Терпеть этого не могу.

Д у н я ш а *(тихо кашляет)*. У меня от сигары голова разболелась... *(Уходит.)*

DUNJAŠA Dica pure.

EPICHODOV Desidererei parlarle a quattr'occhi. (*Sospira*).

DUNJAŠA (*con imbarazzo*) Va bene... prima però mi porti la mia mantellina... è vicino all'armadio, qui è un po' umido...

EPICHODOV Ai suoi ordini. Gliela porto. Adesso so che fare con la mia rivoltella. (*Prende la chitarra e si allontana, suonando*).

JAŠA Trentatre disgrazie! È proprio uno stupido, sia detto tra noi. (*Sbadiglia*).

DUNJAŠA Speriamo che non si spari. (*Pausa*). Sono diventata così apprensiva, sto sempre col cuore in gola. Ho cominciato il servizio dai signori che ero ancora bambina e adesso non saprei più vivere come la gente semplice. Guardi le mie mani: bianche bianche come quelle di una signorina. Sono diventata così sensibile, così fine, così delicata, tutto mi fa paura. Vivo nel terrore. E se lei, Jaša, mi inganna, non so che sarà dei miei poveri nervi.

JAŠA (*la bacia*) Zuccherino mio! Certo, ogni ragazza deve tenere al suo onore, e a me più di tutto non piace se una ragazza si comporta male.

DUNJAŠA Sono innamorata pazza di lei. Lei è così colto, sa parlare di tutto. (*Pausa*).

JAŠA (*sbadiglia*) Sissignore... Io la penso così: se una ragazza s'innamora, vuol dire che è immorale. (*Pausa*). Che piacere fumare un sigaro all'aria aperta... (*Tende l'orecchio*). Viene gente... Sono i padroni...

(*Dunjaša lo abbraccia con trasporto*)

JAŠA Vada a casa. Faccia come se tornasse da un bagno al fiume, prenda questo sentiero, altrimenti l'incontrano e penseranno che le ho dato un appuntamento. Queste cose non le sopporto.

DUNJAŠA (*tossicchia*) Questo sigaro mi ha fatto venire il mal di testa... (*Se ne va*).

(Яша остается, сидит возле часовни. Входят Любовь Андреевна, Гаев и Лопахин.)

Лопахин. Надо окончательно решить, — время не ждет. Вопрос ведь совсем пустой. Согласны вы отдать землю под дачи, или нет? Ответьте одно слово: да или нет? Только одно слово!

Любовь Андреевна. Кто это здесь курит отвратительные сигары... *(Садится.)*

Гаев. Вот железную дорогу построили, и стало удобно. *(Садится.)* Съездили в город и позавтракали... желтого в середину! Мне бы сначала пойти в дом, сыграть одну партию...

Любовь Андреевна. Успеешь.

Лопахин. Только одно слово! *(Умоляюще.)* Дайте же мне ответ!

Гаев *(зевая)*. Кого?

Любовь Андреевна *(глядит в свое портмоне)*. Вчера было много денег, а сегодня совсем мало. Бедная моя Варя из экономии кормит всех молочным супом, на кухне старикам дают один горох, а я трачу как-то бессмысленно... *(Уронила портмоне, рассыпала золотые.)* Ну, посыпались... *(Ей досадно.)*

Яша. Позвольте, я сейчас подберу. *(Собирает монеты.)*

Любовь Андреевна. Будьте добры, Яша. И зачем я поехала завтракать... Дрянной ваш ресторан с музыкой, скатерти пахнут мылом... Зачем так много пить, Леня? Зачем так много есть? Зачем так много говорить? Сегодня в ресторане ты говорил опять много и все некстати. О семидесятых годах, о декадентах. И кому? Половым говорить о декадентах!

Лопахин. Да.

Гаев *(машет рукой)*. Я неисправим, это очевидно... *(Раздраженно Яше.)* Что такое, постоянно вертишься перед глазами...

Яша *(смеется)*. Я не могу без смеха вашего голоса слышать.

Гаев *(сестре)*. Или я, или он...

(*Jaša resta, si siede vicino alla cappella. Entrano Ljubov' Andreevna, Gaev e Lopachin*)

LOPACHIN Ci vuole una decisione definitiva, il tempo stringe. La questione è semplicissima: siete d'accordo ad affittare il terreno per i villini oppure no? Dite una sola parola, sì o no?

LJUBOV' ANDREEVNA Chi è che fuma questi sigari pestiferi? (*Si siede*).

GAEV Certo, questa ferrovia è una gran comodità. (*Si siede*). Siamo andati in città e abbiamo pranzato... palla al centro! Me ne andrei prima a casa a fare una partita...

LJUBOV' ANDREEVNA C'è sempre tempo.

LOPACHIN Una parola sola! (*In tono implorante*). La risposta!

GAEV (*sbadigliando*) Prego?

LJUBOV' ANDREEVNA (*guarda nel portamonete*) Ieri c'erano tanti soldi e adesso ce ne sono pochini. La povera mia Varja per fare economia dà a tutti riso e latte, in cucina ai vecchi passano soltanto piselli e io spendo in modo assurdo... (*Il portamonete le sfugge di mano, le monete d'oro si sparpagliano per terra*). Oh, santo cielo... (*È seccata*).

JAŠA Permetta, faccio io. (*Raccoglie le monete*).

LJUBOV' ANDREEVNA Sì, Jaša, mi faccia la cortesia. E perché poi sono andata a mangiare fuori... Che squallore in quel ristorante, con quell'orchestrina e le tovaglie che puzzano di sapone... E tu, Lënja, perché bere tanto? Perché mangiare tanto? Perché parlare tanto? Oggi al ristorante parlavi, parlavi e sempre a sproposito. Sugli anni Settanta, sui decadenti. E a chi poi? Ai camerieri parlare dei decadenti!

LOPACHIN Eh sì.

GAEV (*fa un gesto con la mano*) Sono incorreggibile, è chiaro. (*Irritato, a Jaša*). Possibile che ti devo avere sempre fra i piedi?..

JAŠA (*ride*) Non riesco a sentire la sua voce senza ridere.

GAEV (*alla sorella*) Senti, o via lui o via io...

Любовь Андреевна. Уходите, Яша, ступайте...

Яша (*отдает Любови Андреевне кошелек*). Сейчас уйду. (*Едва удерживается от смеха.*) Сию минуту... (*Уходит.*)

Лопахин. Ваше имение собирается купить богач Дериганов. На торги, говорят, приедет сам лично.

Любовь Андреевна. А вы откуда слышали?

Лопахин. В городе говорят.

Гаев. Ярославская тетушка обещала прислать, а когда и сколько пришлет, неизвестно...

Лопахин. Сколько она пришлет? Тысяч сто? Двести?

Любовь Андреевна. Ну... Тысяч десять — пятнадцать, и на том спасибо.

Лопахин. Простите, таких легкомысленных людей, как вы, господа, таких неделовых, странных, я еще не встречал. Вам говорят русским языком, имение ваше продается, а вы точно не понимаете.

Любовь Андреевна. Что же нам делать? Научите, что?

Лопахин. Я вас каждый день учу. Каждый день я говорю все одно и то же. И вишневый сад, и землю необходимо отдать в аренду под дачи, сделать это теперь же, поскорее, — аукцион на носу! Поймите! Раз окончательно решите, чтоб были дачи, так денег вам дадут сколько угодно, и вы тогда спасены.

Любовь Андреевна. Дачи и дачники — это так пошло, простите.

Гаев. Совершенно с тобой согласен.

Лопахин. Я или зарыдаю, или закричу, или в обморок упаду. Не могу! Вы меня замучили! (*Гаеву.*) Баба вы!

Гаев. Кого?

Лопахин. Баба! (*Хочет уйти.*)

Любовь Андреевна (*испуганно*). Нет, не ухо-

LJUBOV' ANDREEVNA Se ne vada, Jaša, su...

JAŠA (*dà a Ljubov' Andreevna il borsellino*) Vado, vado. (*Si trattiene a stento dal ridere*). All'istante... (*Se ne va*).

LOPACHIN La vostra proprietà se la vuole comperare quel riccone di Deriganov. Si dice che verrà lui stesso all'asta.

LJUBOV' ANDREEVNA Come fa a saperlo?

LOPACHIN Se ne parla in città.

GAEV La zia di Jaroslavl' ha promesso di mandare dei soldi, ma quando li manderà e quanto non si sa...

LOPACHIN Quanto manderà? Centomila? Duecentomila?

LJUBOV' ANDREEVNA Non saprei... Se ne manda dieci-quindicimila, è già tanto.

LOPACHIN Scusatemi, ma di gente così sventata, così poco pratica, così strana, come voi, signori miei, non l'ho mai vista! Vi sto dicendo chiaro e tondo che la vostra proprietà è messa in vendita e voi date l'impressione di non capirlo.

LJUBOV' ANDREEVNA Ma che dobbiamo fare? Ce lo dica lei!

LOPACHIN Ve lo dico ogni santo giorno. Ogni santo giorno non faccio che dire le stesse cose. Bisogna affittare il giardino dei ciliegi e tutta la terra a chi costruisce villini, bisogna farlo subito, senza perder tempo, perché l'asta non aspetta! Cercate di capire! Prendete una buona volta una decisione perché coi villini riceverete un mucchio di soldi e sarete salvi.

LJUBOV' ANDREEVNA Villini, villeggianti... Mi scusi, che trivialità!

GAEV Sono perfettamente d'accordo con te.

LOPACHIN O mi metto a piangere, o mi metto a urlare, o cado svenuto. Non ne posso più. Mi avete fatto impazzire! (*A Gaev*). Lei è una mezzacalzetta!

GAEV Prego?

LOPACHIN Una mezzacalzetta. (*Fa per andarsene*).

LJUBOV' ANDREEVNA (*spaventata*) No, non se ne vada,

дите, останьтесь, голубчик. Прошу вас. Может быть, надумаем что-нибудь!

Лопахин. О чем тут думать!

Любовь Андреевна. Не уходите, прошу вас. С вами все-таки веселее... *(Пауза.)* Я все жду чего-то, как будто над нами должен обвалиться дом.

Гаев *(в глубоком раздумье)*. Дуплет в угол... Круазе в середину...

Любовь Андреевна. Уж очень много мы грешили...

Лопахин. Какие у вас грехи...

Гаев *(кладет в рот леденец)*. Говорят, что я все свое состояние проел на леденцах... *(Смеется.)*

Любовь Андреевна. О, мои грехи... Я всегда сорила деньгами без удержу, как сумасшедшая, и вышла замуж за человека, который делал одни только долги. Муж мой умер от шампанского, — он страшно пил, — и на несчастье я полюбила другого, сошлась, и как раз в это время, — это было первое наказание, удар прямо в голову, — вот тут на реке... утонул мой мальчик, и я уехала за границу, совсем уехала, чтобы никогда не возвращаться, не видеть этой реки... Я закрыла глаза, бежала, себя не помня, а *он* за мной... безжалостно, грубо. Купила я дачу возле Ментоны, так как *он* заболел там, и три года я не знала отдыха ни днем, ни ночью; больной измучил меня, душа моя высохла. А в прошлом году, когда дачу продали за долги, я уехала в Париж, и там он обобрал меня, бросил, сошелся с другой, я пробовала отравиться... Так глупо, так стыдно... И потянуло вдруг в Россию, на родину, к девочке моей... *(Утирает слезы.)* Господи, господи, будь милостив, прости мне грехи мои! Не наказывай меня больше! *(Достает из кармана телеграмму.)* Получила сегодня из Парижа... Просит прощения, умоляет вернуться... *(Рвет телеграмму.)* Словно где-то музыка. *(Прислушивается.)*

Гаев. Это наш знаменитый еврейский оркестр. Пом-

resti, amico mio. La prego. Chissà mai che non ci venga un'idea!

LOPACHIN Ma che idea e idea!

LJUBOV' ANDREEVNA Non se ne vada, la prego. Con lei almeno si sta un po' allegri. (*Pausa*). Sono sempre in attesa di qualche cosa, come se su di noi dovesse crollare la casa.

GAEV (*profondamente assorto*) Palla all'angolo... Giro sui birilli...

LJUBOV' ANDREEVNA Abbiamo troppi peccati sulla coscienza...

LOPACHIN Ma quali peccati può avere lei...

GAEV (*mettendosi in bocca una caramella*) Si dice che mi sono mangiato tutto il patrimonio in caramelle. (*Ride*).

LJUBOV' ANDREEVNA Oh, i miei peccati... Ho sempre sperperato i soldi come una folle, e ho sposato un uomo che non sapeva far altro che debiti. Mio marito è morto per il troppo champagne, – è incredibile quanto beveva, – e per mia disgrazia mi innamorai di un altro, mi misi con lui e proprio allora fu il primo castigo, una mazzata in testa – qui in questo fiume... annegò il mio bambino – e io me ne andai all'estero, me ne andai per sempre, per non tornare più, per non vedere questo fiume... Chiusi gli occhi e fuggii disperata e *lui*... mi seguiva spietato, brutale. Comprai una villa vicino Mentone, perché *lui* là si ammalò, e per tre anni non ebbi pace né giorno né notte; per me fu un martirio che mi lasciò con l'anima inaridita. E l'altr'anno, quando la villa fu venduta per pagare i debiti, andai a Parigi, e lì *lui* mi portò via tutto, mi abbandonò, si mise con un'altra, e io tentai di avvelenarmi... È stato tutto così stupido, così squallido... E improvvisamente mi venne una gran voglia di tornare in Russia, nella mia patria, dalla mia bambina... (*Si asciuga le lacrime*). Dio, Dio, sii misericordioso, perdonami i miei peccati. Non punirmi più! (*Tira fuori di tasca un telegramma*). Mi è arrivato oggi da Parigi... Chiede perdono, mi supplica di tornare... (*Strappa il telegramma*). Sembra di sentire una musica. (*Tende l'orecchio*).

GAEV È la nostra famosa orchestra ebrea. Te la ricordi?

нишь, четыре скрипки, флейта и контрабас.

Любовь Андреевна. Он еще существует? Его бы к нам зазвать как-нибудь, устроить вечерок.

Лопахин *(прислушивается)*. Не слыхать... *(Тихо напевает.)* «И за деньги русака немцы офранцузят». *(Смеется.)* Какую я вчера пьесу смотрел в театре, очень смешно.

Любовь Андреевна. И наверное, ничего нет смешного. Вам не пьесы смотреть, а смотреть бы почаще на самих себя. Как вы все серо живете, как много говорите ненужного.

Лопахин. Это правда. Надо прямо говорить, жизнь у нас дурацкая... *(Пауза.)* Мой папаша был мужик, идиот, ничего не понимал, меня не учил, а только бил спьяна, и все палкой. В сущности, и я такой же болван и идиот. Ничему не обучался, почерк у меня скверный, пишу я так, что от людей совестно, как свинья.

Любовь Андреевна. Жениться вам нужно, мой друг.

Лопахин. Да... Это правда.

Любовь Андреевна. На нашей бы Варе. Она хорошая девушка.

Лопахин. Да.

Любовь Андреевна. Она у меня из простых, работает целый день, а главное, вас любит. Да и вам-то давно нравится.

Лопахин. Что же? Я не прочь... Она хорошая девушка. *(Пауза.)*

Гаев. Мне предлагают место в банке. Шесть тысяч в год... Слыхала?

Любовь Андреевна. Где тебе! Сиди уж...

(Фирс входит; он принес пальто.)

Фирс *(Гаеву)*. Извольте, сударь, надеть, а то сыро.

Quattro violini, un flauto e un contrabbasso.

LJUBOV’ ANDREEVNA Esiste ancora? Sarebbe bello invitarli qui da noi, combinare una serata.

LOPACHIN (*tende l’orecchio*) Non si sente niente. (*Canticchia*). «I tedeschi per quattrini fan dei russi parigini...». Che commedia ho visto ieri a teatro! C’era da morir dal ridere! (*Ride*).

LJUBOV’ ANDREEVNA E magari da ridere non c’era proprio niente. Voialtri invece di guardare le commedie fareste meglio a guardare un po’ di più voi stessi. Come è grigia la vostra vita e quante parole inutili dite!

LOPACHIN È vero. Bisogna ammetterlo: la vita che si fa qui è balorda. (*Pausa*). Mio padre era un contadino, un povero mentecatto, non capiva niente, non mi ha insegnato niente e non ha fatto altro che picchiarmi quand’era ubriaco, e sempre con un bastone. In fondo anch’io sono uno zoticone e un mentecatto come lui, non ho imparato niente, ho una calligrafia da gallina, scrivo in modo così schifoso che me ne vergogno.

LJUBOV’ ANDREEVNA Dovrebbe sposarsi, amico mio.

LOPACHIN Sì... È vero.

LJUBOV’ ANDREEVNA Magari con la nostra Varja. È una ragazza così brava.

LOPACHIN Sì.

LJUBOV’ ANDREEVNA Viene da una famiglia povera, lavora tutto il giorno e soprattutto le vuole bene e poi lei ha un’antica simpatia per Varja.

LOPACHIN Beh, non dico di no... È una brava ragazza. (*Pausa*).

GAEV Mi offrono un posto in banca. Seimila rubli all’anno... Capito?

LJUBOV’ ANDREEVNA Sì, fammi il piacere!

(*Firs entra; ha un cappotto in mano*)

FIRS (*a Gaev*) Prego, signore, se lo metta, c’è tanta umidità.

Гаев (*надевает пальто*). Надоел ты, брат.

Фирс. Нечего там... Утром уехали, не сказавшись. (*Оглядывает его.*)

Любовь Андреевна. Как ты постарел, Фирс!

Фирс. Чего изволите?

Лопахин. Говорят, ты постарел очень!

Фирс. Живу давно. Меня женить собирались, а вашего папаши еще на свете не было... (*Смеется.*) А воля вышла, я уже старшим камердинером был. Тогда я не согласился на волю, остался при господах... (*Пауза.*) И помню, все рады, а чему рады, и сами не знают.

Лопахин. Прежде очень хорошо было. По крайней мере, драли.

Фирс (*не расслышав*). А еще бы. Мужики при господах, господа при мужиках, а теперь все враздробь, не поймешь ничего.

Гаев. Помолчи, Фирс. Завтра мне нужно в город. Обещали познакомить с одним генералом, который может дать под вексель.

Лопахин. Ничего у вас не выйдет. И не заплатите вы процентов, будьте покойны.

Любовь Андреевна. Это он бредит. Никаких генералов нет.

(*Входят Трофимов, Аня и Варя.*)

Гаев. А вот и наши идут.

Аня. Мама сидит.

Любовь Андреевна (*нежно*). Иди, иди... Родные мои... (*Обнимая Аню и Варю.*) Если бы вы обе знали, как я вас люблю. Садитесь рядом, вот так. (*Все усаживаются.*)

Лопахин. Наш вечный студент все с барышнями ходит.

Трофимов. Не ваше дело.

Лопахин. Ему 50 лет скоро, а он все еще студент.

GAEV (*si infila il cappotto*) Sei un gran seccatore, vecchio mio.

FIRS Buono, buono... Stamattina lei è partito senza dirmi niente. (*Lo esamina da capo a piedi*).

LJUBOV' ANDREEVNA Come sei invecchiato, Firs.

FIRS Comandi?

LOPACHIN Ti dicono che sei molto invecchiato!

FIRS È da un pezzo che sto al mondo. Quando volevano che io prendessi moglie, suo padre non era ancora nato... (*Ride*). E quando ci fu la liberazione dei contadini, io ero già capocameriere. Non volli per me la liberazione e rimasi coi padroni... (*Pausa*). Ricordo che tutti erano contenti, ma di che cosa fossero contenti neppure loro lo sapevano.

LOPACHIN Prima si stava benissimo. Almeno allora si usava la frusta.

FIRS (*senza aver compreso*) Altroché. Prima signori e contadini erano una sola famiglia. Invece adesso è una gran confusione, non ci si capisce più niente.

GAEV Sta' zitto, Firs. Domani devo andare in città, mi hanno promesso di presentarmi un generale, il quale è disposto a farmi un prestito dietro cambiale.

LOPACHIN Fatica inutile. Gli interessi non li pagherà, glielo dico io.

LJUBOV' ANDREEVNA Sta delirando. Non c'è nessun generale.

(*Entrano Trofimov, Anja e Varja*)

GAEV Eccoli qua, i nostri ragazzi.

ANJA C'è mamma.

LJUBOV' ANDREEVNA (*affettuosamente*) Vieni, vieni... Tesori miei... (*Abbraccia Anja e Varja*). Sapeste quanto vi voglio bene. Sedetevi vicino a me, così. (*Tutti si siedono*).

LOPACHIN Il nostro eterno studente è sempre in compagnia delle signorine.

TROFIMOV Pensi ai fatti suoi.

LOPACHIN Fra poco avrà cinquant'anni ed è sempre studente.

Т р о ф и м о в. Оставьте ваши дурацкие шутки.

Л о п а х и н. Что же ты, чудак, сердишься?

Т р о ф и м о в. А ты не приставай.

Л о п а х и н *(смеется)*. Позвольте вас спросить, как вы обо мне понимаете?

Т р о ф и м о в. Я, Ермолай Алексеич, так понимаю: вы богатый человек, будете скоро миллионером. Вот как в смысле обмена веществ нужен хищный зверь, который съедает все, что попадается ему на пути, так и ты нужен. *(Все смеются.)*

В а р я. Вы, Петя, расскажите лучше о планетах.

Л ю б о в ь А н д р е е в н а. Нет, давайте, продолжим вчерашний разговор.

Т р о ф и м о в. О чем это?

Г а е в. О гордом человеке.

Т р о ф и м о в. Мы вчера говорили долго, но ни к чему не пришли. В гордом человеке, в вашем смысле, есть что-то мистическое. Быть может, вы и правы посвоему, но если рассуждать попросту, без затей, то какая там гордость, есть ли в ней смысл, если человек физиологически устроен неважно, если в своем громадном большинстве он груб, неумен, глубоко несчастлив. Надо перестать восхищаться собой. Надо бы только работать.

Г а е в. Все равно умрешь.

Т р о ф и м о в. Кто знает? И что значит — умрешь? Быть может, у человека сто чувств, и со смертью погибают только пять, известных нам, а остальные девяносто пять остаются живы.

Л ю б о в ь А н д р е е в н а. Какой вы умный, Петя!..

Л о п а х и н *(иронически)*. Страсть!

Т р о ф и м о в. Человечество идет вперед, совершенствуя свои силы. Все, что недосягаемо для него теперь, когда-нибудь станет близким, понятным, только вот надо работать, помогать всеми силами тем, кто ищет истину. У нас, в России, работают пока очень немногие. Громадное большинство той интеллигенции, какую я знаю,

TROFIMOV La pianti coi suoi stupidi scherzi.

LOPACHIN Perché te la prendi tanto, testone?

TROFIMOV E tu lasciami stare.

LOPACHIN (*ride*) Sentiamo un po', che cosa pensa di me?

TROFIMOV Io, Ermolaj Alekseevič, la vedo così: lei è ricco, tra poco sarà milionario. Come nel ricambio delle sostanze è necessario l'animale da preda che divora tutto ciò che gli capita davanti, così è necessario anche lei. (*Tutti ridono*).

VARJA Petja, ci parli piuttosto dei pianeti.

LJUBOV' ANDREEVNA No, riprendiamo il discorso di ieri sera.

TROFIMOV A proposito di che cosa?

GAEV Dell'uomo orgoglioso.

TROFIMOV Ieri abbiamo parlato tanto, senza arrivare a niente di concreto. Nell'uomo orgoglioso, così come l'intende lei, c'è qualcosa di mistico. Può darsi che dal suo punto di vista lei abbia ragione, ma a dirla schietta, senza tanti fronzoli, che senso ha parlare di orgoglio dal momento che l'uomo è fisiologicamente mal congegnato e nella stragrande maggioranza dei casi è rozzo, stolto, profondamente infelice? Bisogna smetterla di esaltare se stessi. Bisognerebbe soltanto lavorare.

GAEV Tanto si muore lo stesso.

TROFIMOV Chi lo sa? E poi, che significa: morire? Può darsi che l'uomo sia provvisto di cento sensi, e con la morte si perdono solo i cinque che conosciamo. E gli altri novantacinque sopravvivono.

LJUBOV' ANDREEVNA Che intelligenza ha, Petja!..

LOPACHIN (*ironicamente*) Mostruosa!

TROFIMOV L'umanità procede innanzi, perfezionando le sue forze. Tutto ciò che le è inaccessibile oggi, un giorno sarà vicino e comprensibile. Occorre però lavorare, aiutare con tutte le forze chi cerca la verità. Da noi, in Russia, per ora sono pochissimi quelli che lavorano. La stragrande maggioranza degli intellettuali che io conosco, non cerca

ничего не ищет, ничего не делает и к труду пока не способно. Называют себя интеллигенцией, а прислуге говорят «ты», с мужиками обращаются, как с животными, учатся плохо, серьезно ничего не читают, ровно ничего не делают, о науках только говорят, в искусстве понимают мало. Все серьезны, у всех строгие лица, все говорят только о важном, философствуют, а между тем у всех на глазах рабочие едят отвратительно, спят без подушек, по тридцати, по сорока в одной комнате, везде клопы, смрад, сырость, нравственная нечистота... И, очевидно, все хорошие разговоры у нас для того только, чтобы отвести глаза себе и другим. Укажите мне, где у нас ясли, о которых говорят так много и часто, где читальни? О них только в романах пишут, на деле же их нет совсем. Есть только грязь, пошлость, азиатчина... Я боюсь и не люблю очень серьезных физиономий, боюсь серьезных разговоров. Лучше помолчим!

Лопахин. Знаете, я встаю в пятом часу утра, работаю с утра до вечера, ну, у меня постоянно деньги свои и чужие, и я вижу, какие кругом люди. Надо только начать делать что-нибудь, чтобы понять, как мало честных, порядочных людей. Иной раз, когда не спится, я думаю: «господи, ты дал нам громадные леса, необъятные поля, глубочайшие горизонты, и, живя тут, мы сами должны бы по-настоящему быть великанами...»

Любовь Андреевна. Вам понадобились великаны... Они только в сказках хороши, а так они пугают.

(В глубине сцены проходит Епиходов и играет на гитаре.)

Любовь Андреевна *(задумчиво)*. Епиходов идет...

Аня *(задумчиво)*. Епиходов идет.

Гаев. Солнце село, господа.

niente, non fa niente e non è in grado di lavorare. Dicono di essere intellettuali, ma ai domestici danno del tu, i contadini li trattano come bestie, studiano male, non leggono niente di serio, non fanno assolutamente niente, di scienza non fanno che chiacchierare, di arte capiscono ben poco. Hanno sempre un'aria seria, atteggiano il volto a gravità, non fanno altro che parlare di grandi cose, filosofeggiano, e intanto sotto gli occhi di tutti gli operai si nutrono in modo orrendo, dormono senza cuscini, in trenta o quaranta in una stanza, dappertutto cimici, fetore, umidità, sudiciume morale... Evidentemente tutti i bei discorsi da noi servono soltanto a chiudere gli occhi a se stessi e agli altri. Fatemi vedere dove sono i nidi d'infanzia di cui si parla tanto e dove sono le sale di lettura? Si trovano soltanto nei romanzi, ma nella realtà non ci sono affatto. C'è soltanto sporcizia, trivialità, arretratezza... Io non sopporto le facce troppo serie, mi spaventano, e non mi piacciono, mi spaventano i discorsi seri. Meglio tacere!

LOPACHIN Mi ascolti: io mi alzo tutti i giorni alle quattro del mattino, lavoro dall'alba al tramonto, sono sempre in mezzo ai soldi miei e degli altri, e vedo che razza di gente c'è intorno. Basta mettersi a fare qualcosa per capire quanto rare siano le persone oneste e per bene. A volte, di notte, quando non riesco a prender sonno, penso: «Signore Iddio, ci hai dato enormi foreste, campi sterminati, orizzonti vastissimi e vivendo qui noi stessi dovremmo essere davvero dei giganti...».

LJUBOV' ANDREEVNA Lei sente bisogno di giganti... Essi vanno bene soltanto nelle favole, nella vita invece fanno paura.

(*In fondo alla scena passa Epichodov che suona la chitarra*)

LJUBOV' ANDREEVNA (*con aria assorta*) Ecco Epichodov...

ANJA (*con aria assorta*) Ecco Epichodov...

GAEV Il sole è tramontato, signori.

Трофимов. Да.

Гаев (*негромко, как бы декламируя*). О, природа, дивная, ты блещешь вечным сиянием, прекрасная и равнодушная, ты, которую мы называем матерью, сочетаешь в себе бытие и смерть, ты живишь и разрушаешь...

Варя (*умоляюще*). Дядечка!

Аня. Дядя, ты опять!

Трофимов. Вы лучше желтого в середину дуплетом.

Гаев. Я молчу, молчу.

(Все сидят, задумались. Тишина. Слышно только, как тихо бормочет Фирс. Вдруг раздается отдаленный звук, точно с неба, звук лопнувшей струны, замирающий, печальный.)

Любовь Андреевна. Это что?

Лопахин. Не знаю. Где-нибудь далеко в шахтах сорвалась бадья. Но где-нибудь очень далеко.

Гаев. А может быть, птица какая-нибудь... вроде цапли.

Трофимов. Или филин...

Любовь Андреевна (*вздрагивает*). Неприятно почему-то. (*Пауза.*)

Фирс. Перед несчастьем то же было: и сова кричала, и самовар гудел бесперечь.

Гаев. Перед каким несчастьем?

Фирс. Перед волей. (*Пауза.*)

Любовь Андреевна. Знаете, друзья, пойдемте, уже вечереет. (*Ане.*) У тебя на глазах слезы... Что ты, девочка? (*Обнимает ее.*)

Аня. Это так, мама. Ничего.

Трофимов. Кто-то идет.

(Показывается Прохожий в белой потасканной фуражке, в пальто; он слегка пьян.)

TROFIMOV Già.

GAEV (*a mezza voce, come se declamasse*) O natura sublime, tu che rifulgi di eterno splendore, magnifica e indifferente, tu, che noi chiamiamo madre, unisci in te l'essere e la morte, tu che vivifichi e distruggi...

VARJA (*implorante*) Zio, per carità!

ANJA Zio, di nuovo!

TROFIMOV Non sarebbe meglio mettere il pallino al centro e fare carambola?

GAEV Non parlo più.

(*Tutti rimangono seduti, si sono fatti pensierosi. Silenzio. Si sente solo il borbottio sommesso di Firs. Improvvisamente echeggia un suono remoto, come se venisse dal cielo, il suono di una corda musicale spezzata, un suono triste che si va smorzando*)

LJUBOV' ANDREEVNA Cos'è?

LOPACHIN Non so. Sarà una secchia che si è scarrucolata laggiù nelle miniere, ma molto lontano.

GAEV O forse un uccello... un airone.

TROFIMOV O un gufo...

LJUBOV' ANDREEVNA (*sussulta*) Non so perché, ma ho una sensazione sgradevole. (*Pausa*).

FIRS Alla vigilia del disastro ci fu una cosa simile: la civetta cantava, e il samovar non la smetteva di borbottare.

GAEV Di quale disastro?

FIRS La liberazione dei contadini. (*Pausa*).

LJUBOV' ANDREEVNA Sentite, amici, è meglio andare a casa, è quasi sera. (*Ad Anja*). Hai le lacrime agli occhi... Cos'hai, bambina mia? (*L'abbraccia*).

ANJA Così, mamma. Non è niente.

TROFIMOV Viene qualcuno.

(*Compare un passante con un consunto berretto bianco a visiera e il cappotto: è un po' brillo*)

Прохожий. Позвольте вас спросить, могу ли я пройти здесь прямо на станцию?

Гаев. Можете. Идите по этой дороге.

Прохожий. Чувствительно вам благодарен. *(Кашлянув.)* Погода превосходная... *(Декламирует.)* Брат мой, страдающий брат... Выдь на Волгу, чей стон... *(Варе.)* Мадемуазель, позвольте голодному россиянину копеек тридцать...

(Варя испугалась, вскрикивает.)

Лопахин *(сердито)*. Всякому безобразию есть свое приличие.

Любовь Андреевна *(оторопев)*. Возьмите... вот вам... *(Ищет в портмоне.)* Серебра нет... Все равно, вот вам золотой...

Прохожий. Чувствительно вам благодарен! *(Уходит.)*

(Смех.)

Варя *(испуганная)*. Я уйду... я уйду... Ах, мамочка, дома людям есть нечего, а вы ему отдали золотой.

Любовь Андреевна. Что ж со мной, глупой, делать! Я тебе дома отдам все, что у меня есть. Ермолай Алексеич, дадите мне еще взаймы!..

Лопахин. Слушаю.

Любовь Андреевна. Пойдемте, господа, пора. А тут, Варя, мы тебя совсем просватали, поздравляю.

Варя *(сквозь слезы)*. Этим, мама, шутить нельзя.

Лопахин. Охмелия, иди в монастырь...

Гаев. А у меня дрожат руки: давно не играл на бильярде.

Лопахин. Охмелия, о, нимфа, помяни меня в твоих молитвах!

Любовь Андреевна. Идемте, господа. Скоро ужинать.

IL PASSANTE Permettete una domanda? Di qui posso andare direttamente alla stazione?

GAEV Certo. Segua questa strada.

IL PASSANTE Vi ringrazio sentitamente. (*Tossisce*). Che tempo splendido! (*Declama*). Fratello mio, fratello sofferente... Vieni sul Volga, ascolta quel lamento... (*A Varja*). Mademoiselle, sia tanto buona da dare trenta copechi a un compatriota affamato...

(*Varja spaventata getta un grido*)

LOPACHIN (*arrabbiato*) Ogni indecenza ha la sua regola.

LJUBOV' ANDREEVNA (*sconcertata*) Tenga, tenga... (*Cerca nel portamonete*). Non ho spiccioli... Non importa, prenda dieci rubli...

IL PASSANTE La ringrazio sentitamente. (*Se ne va*).

(*Risate*)

VARJA (*spaventata*) Me ne vado... me ne vado... Ma come, mamma, a casa i domestici non hanno da mangiare e lei gli ha dato dieci rubli.

LJUBOV' ANDREEVNA Che vuoi fare, se sono una sciocca! Adesso a casa ti do tutto quello che ho. Ermolaj Alekseevič, mi faccia un altro prestito.

LOPACHIN Obbedisco.

LJUBOV' ANDREEVNA Andiamo, signori, è tardi. A proposito, Varja, qui abbiamo combinato il tuo matrimonio, me ne rallegro.

VARJA (*trattenendo le lacrime*) Non sono cose su cui scherzare, mamma.

LOPACHIN Orfelia, va' in convento...

GAEV Mi tremano le mani, è un pezzo che non gioco a biliardo...

LOPACHIN Orfelia, ninfa, ricordati di me nelle tue orazioni!

LJUBOV' ANDREEVNA Andiamo, signori. Tra poco si cena.

Варя. Напугал он меня. Сердце так и стучит.

Лопахин. Напоминаю вам, господа: 22-го августа будет продаваться вишневый сад. Думайте об этом!.. Думайте!..

(Уходят все, кроме Трофимова и Ани.)

Аня *(смеясь)*. Спасибо прохожему, напугал Варю, теперь мы одни.

Трофимов. Варя боится, а вдруг мы полюбим друг друга, и целые дни не отходит от нас. Она своей узкой головой не может понять, что мы выше любви. Обойти то мелкое и призрачное, что мешает быть свободным и счастливым, вот цель и смысл нашей жизни. Вперед! Мы идем неудержимо к яркой звезде, которая горит там вдали! Вперед! Не отставай, друзья!

Аня *(всплескивая руками)*. Как хорошо вы говорите! *(Пауза.)* Сегодня здесь дивно!

Трофимов. Да, погода удивительная.

Аня. Что вы со мной сделали, Петя, отчего я уже не люблю вишневого сада, как прежде. Я любила его так нежно, мне казалось, на земле нет лучше места, как наш сад.

Трофимов. Вся Россия наш сад. Земля велика и прекрасна, есть на ней много чудесных мест. *(Пауза.)* Подумайте, Аня: ваш дед, прадед и все ваши предки были крепостники, владевшие живыми душами, и неужели с каждой вишни в саду, с каждого листка, с каждого ствола не глядят на вас человеческие существа, неужели вы не слышите голосов... Владеть живыми душами — ведь это переродило всех вас, живших раньше и теперь живущих, так что ваша мать, вы, дядя уже не замечаете, что вы живете в долг, на чужой счет, на счет тех людей, которых вы не пускаете дальше передней... Мы отстали, по крайней мере, лет на двести, у нас нет еще ровно ничего, нет определенного отношения к прошлому, мы только

VARJA Che spavento mi ha fatto prendere quell'uomo. Ho il cuore in gola.

LOPACHIN Vi ricordo, signori: il ventidue agosto si vende il giardino dei ciliegi. Pensateci!.. Pensateci!..

(*Se ne vanno tutti, tranne Trofimov e Anja*)

ANJA (*ridendo*) Bisogna dire grazie al passante: ha spaventato Varja e adesso siamo soli.

TROFIMOV Varja ha paura che ci innamoriamo e ci sta appiccicata tutto il giorno. Con la sua mentalità limitata non può capire che noi siamo al di sopra dell'amore. Evitare tutto ciò che è meschino e illusorio e impedisce di essere liberi e felici, ecco lo scopo e il senso della nostra vita. Avanti! Noi avanziamo con impeto verso la stella luminosa che brilla laggiù in lontananza. Avanti! Tenete il passo, amici!

ANJA (*congiungendo le mani*) Come parla bene! (*Pausa*). Oggi qui è un incanto!

TROFIMOV Sì, il tempo è stupendo.

ANJA Che cosa ha fatto di me, Petja, se non amo più il giardino come prima. E pensare che lo amavo tanto, mi sembrava che non ci fosse al mondo nulla di meglio del nostro giardino.

TROFIMOV Tutta la Russia è il nostro giardino. La terra è grande e meravigliosa ed è piena di posti magnifici. (*Pausa*). Pensi, Anja, suo nonno, suo bisnonno, tutti i suoi antenati erano signori terrieri, padroni di servi della gleba: possibile che da ogni ciliegio del giardino, da ogni foglia, da ogni tronco non si senta guardata da creature umane, possibile che non colga le loro voci?.. Essere stati padroni di servi è ciò che ha fatto degenerare tutti voi, vissuti prima e viventi adesso, tanto che sua madre, lei, suo zio non vi accorgete neppure di vivere in debito, alle spalle di coloro che voi non lasciate andare oltre la soglia dell'anticamera. Noi siamo in ritardo di almeno due secoli, non abbiamo creato nulla, non abbiamo un'idea esatta del passato, non

философствуем, жалуемся на тоску, или пьем водку. Ведь так ясно, чтобы начать жить в настоящем, надо сначала искупить наше прошлое, покончить с ним, а искупить его можно только страданием, только необычайным, непрерывным трудом. Поймите это, Аня.

Аня. Дом, в котором мы живем, давно уже не наш дом, и я уйду, даю вам слово.

Трофимов. Если у вас есть ключи от хозяйства, то бросьте их в колодец и уходите. Будьте свободны, как ветер.

Аня *(в восторге)*. Как хорошо вы сказали!

Трофимов. Верьте мне, Аня, верьте! Мне еще нет тридцати, я молод, я еще студент, но я уже столько вынес! Как зима, так я голоден, болен, встревожен, беден, как нищий, и — куда только судьба ни гоняла меня, где я только не был! И все же душа моя всегда, во всякую минуту и днем и ночью, была полна неизъяснимых предчувствий. Я предчувствую счастье, Аня, я уже вижу его...

Аня *(задумчиво)*. Восходит луна.

(Слышно, как Епиходов играет на гитаре все ту же грустную песню. Восходит луна. Где-то около тополей Варя ищет Аню и зовет: «Аня! Где ты?»)

Трофимов. Да, восходит луна. *(Пауза.)* Вот оно счастье, вот оно идет, подходит все ближе и ближе, я уже слышу его шаги. И если мы не увидим, не узнаем его, то что за беда? Его увидят другие!

Голос Вари. Аня! Где ты?

Трофимов. Опять эта Варя! *(Сердито.)* Возмутительно.

Аня. Что ж? Пойдемте к реке. Там хорошо.

Трофимов. Пойдемте. *(Идут.)*

Голос Вари. Аня! Аня!

Занавес

facciamo altro che filosofare, lamentarci della noia o bere vodka. È chiaro invece che per cominciare a vivere nel presente bisogna dapprima riscattare il nostro passato, farla finita con esso, e riscattarlo si può soltanto con la sofferenza, soltanto con un lavoro inconsueto e incessante. Cerchi di capirlo, Anja.

ANJA La casa in cui viviamo, da tanto non è più la nostra casa. E io me ne andrò, parola d'onore.

TROFIMOV Se ha le chiavi della tenuta le butti nel pozzo e se ne vada. Sia libera come il vento.

ANJA (*in estasi*) Come è bello quello che dice!

TROFIMOV Mi creda, Anja, mi creda! Io non ho ancora trent'anni, sono giovane, sono ancora studente, ma quanto ho già patito nella mia vita! Ogni inverno che arriva, sono ridotto alla fame, malato, inquieto, povero come un mendicante, e dove non mi ha sballottato il destino, dove non sono capitato! Eppure l'anima mia sempre, in ogni istante del giorno e della notte, è stata piena di inspiegabili presagi. Sento la felicità che si avvicina, Anja, la vedo già...

ANJA (*pensosa*) Spunta la luna.

(*Si sente Epichodov suonare alla chitarra sempre la stessa canzone triste. Spunta la luna. Da qualche parte vicino ai pioppi Varja cerca Anja e chiama: «Anja! Dove sei?»*)

TROFIMOV Sì, spunta la luna. (*Pausa*). Eccola, la felicità, eccola che arriva, si avvicina sempre di più, sento i suoi passi. E se noi non la vedremo, non la riconosceremo, pazienza. La vedranno gli altri!

VOCE DI VARJA Anja! Dove sei?

TROFIMOV Ancora Varja! (*Con rabbia*). È insopportabile!

ANJA Allora andiamo al fiume. Là si sta bene.

TROFIMOV Andiamo. (*Vanno*).

VOCE DI VARJA Anja! Anja!

Sipario

ДЕЙСТВИЕ ТРЕТЬЕ

Гостиная, отделенная аркой от залы. Горит люстра. Слышно, как в передней играет еврейский оркестр, тот самый, о котором упоминается во II акте. Вечер. В зале танцуют grand rond. Голос Симеонова-Пищика: — «Promenade à une paire!» Выходят в гостиную: в первой паре Пищик и Шарлотта Ивановна, во второй — Трофимов и Любовь Андреевна, в третьей — Аня с почтовым чиновником, в четвертой — Варя с начальником станции и т. д. Варя тихо плачет и, танцуя, утирает слезы. В последней паре Дуняша. Идут по гостиной, Пищик кричит: — «Grand rond, balancez!» и «Les cavaliers à genoux et remerciez vos dames!»

Фирс во фраке приносит на подносе сельтерскую воду. Входят в гостиную Пищик и Трофимов.

Пищик. Я полнокровный, со мной уже два раза удар был, танцовать трудно, но, как говорится, попал в стаю, лай не лай, а хвостом виляй. Здоровье-то у меня лошадиное. Мой покойный родитель, шутник, царство небесное, насчет нашего происхождения говорил так, будто древний род наш Симеоновых-Пищиков происходит будто бы от той самой лошади, которую Калигула посадил в сенате... *(Садится.)* Но вот беда: денег нет! Голодная собака верует только в мясо... *(Храпит и тотчас же просыпается.)* Так и я... могу только про деньги...

Трофимов. А у вас в фигуре в самом деле есть что-то лошадиное.

Пищик. Что ж... лошадь хороший зверь... лошадь продать можно...

(Слышно, как в соседней комнате играют на бильярде. В зале под аркой показывается Варя.)

ATTO TERZO

Salotto che un arco separa dalla sala. Il lampadario è tutto illuminato. Arriva dall'anticamera il suono dell'orchestra ebrea, la stessa di cui si fa menzione nel secondo atto. È sera. Nella sala si balla il grand rond. La voce di Simeonov-Piščik: «Promenade à une paire». Entrano nel salotto, in coppia, Piščik e Charlotta Ivanovna, segue la seconda coppia formata da Trofimov e Ljubov' Andreevna; la terza, Anja e l'impiegato delle poste; la quarta, Varja e il capostazione, e così via. Varja piange sommessamente e ballando si asciuga le lacrime. Dunjaša è nell'ultima coppia. Tutte le coppie attraversano il salotto. Piščik grida: «Grand rond, balancez!» E «Les cavaliers à genoux, et remerciez vos dames».

(*Firs in frac porta su un vassoio acqua di selz. Entrano in salotto Piščik e Trofimov*)

PIŠČIK Io sono un tipo sanguigno, ho già avuto due colpi, ballare per me è faticoso, ma, come dice il proverbio, chi non vuol ballare, non vada alla festa. Ho una salute da cavallo. Quel burlone del mio povero genitore – che Dio lo abbia in gloria – a proposito delle nostre origini diceva che la nostra antica stirpe dei Simeonov-Piščik discenderebbe dal cavallo che Caligola fece senatore... (*Si siede*). Il guaio però è che non ho soldi! Il lupo sogna le pecore e la volpe le galline... (*Russa e subito si risveglia*). Così faccio anch'io... sogno soltanto i soldi...

TROFIMOV Davvero, nella sua figura c'è qualcosa di cavallino.

PIŠČIK Beh... Un cavallo è una buona bestia, un cavallo si può vendere...

(*Si sente che nella stanza attigua giocano a biliardo. Sulla soglia della sala, sotto l'arco, compare Varja*)

Трофимов *(дразнит)*. Мадам Лопахина! Мадам Лопахина!..

Варя *(сердито)*. Облезлый барин!

Трофимов. Да, я облезлый барин и горжусь этим!

Варя *(в горьком раздумье)*. Вот наняли музыкантов, а чем платить? *(Уходит.)*

Трофимов *(Пищику)*. Если бы энергия, которую вы в течение всей вашей жизни затратили на поиски денег для уплаты процентов, пошла у вас на что-нибудь другое, то, вероятно, в конце концов, вы могли бы перевернуть землю.

Пищик. Ницше... философ... величайший, знаменитейший... громадного ума человек, говорит в своих сочинениях, будто фальшивые бумажки делать можно.

Трофимов А вы читали Ницше?

Пищик. Ну... Мне Дашенька говорила. А я теперь в таком положении, что хоть фальшивые бумажки делай... Послезавтра 310 рублей платить... 130 уже достал... *(Ощупывает карманы, встревоженно.)* Деньги пропали! Потерял деньги! *(Сквозь слезы.)* Где деньги? *(Радостно.)* Вот они, за подкладкой... Даже в пот ударило...

(Входят Любовь Андреевна и Шарлотта Ивановна.)

Любовь Андреевна *(напевает лезгинку)*. Отчего так долго нет Леонида? Что он делает в городе? *(Дуняше.)* Дуняша, предложите музыкантам чаю...

Трофимов. Торги не состоялись, по всей вероятности.

Любовь Андреевна. И музыканты пришли некстати, и бал мы затеяли некстати... Ну, ничего... *(Садится и тихо напевает.)*

Шарлотта *(подает Пищику колоду карт)*. Вот вам колода карт, задумайте какую-нибудь одну карту.

Пищик. Задумал.

Шарлотта. Тасуйте теперь колоду. Очень хорошо. Дайте сюда, о мой милый господин Пищик. Ein, zwei, drei! Теперь поищите, она у вас в боковом кармане...

TROFIMOV (*la prende in giro*) Madame Lopachin! Madame Lopachin!..

VARJA Signore spelacchiato!

TROFIMOV Sì, sono spelacchiato e me ne vanto!

VARJA (*con tono di amara riflessione*) Già, abbiamo fatto venire l'orchestra, ma come la pagheremo? (*Se ne va*).

TROFIMOV (*a Piščik*) Se le energie che nel corso di tutta la vita lei ha impiegato nella ricerca dei soldi per pagare gli interessi avessero avuto un'altra applicazione, probabilmente, lei avrebbe potuto capovolgere il mondo.

PIŠČIK Nietzsche... un filosofo... grandissimo, famosissimo... uomo di un'intelligenza prodigiosa, nelle sue opere dice che sarebbe lecito fabbricare soldi falsi.

TROFIMOV Ma lei ha letto Nietzsche?

PIŠČIK Beh... Me l'ha detto mia figlia. Adesso mi trovo in una situazione tale che anche soldi falsi farei... Dopodomani mi aspettano trecentodieci rubli da pagare... Centotrenta me li sono già procurati... (*Si tasta le tasche, con aria allarmata*). Sono spariti! Li ho persi! (*Trattenendo le lacrime*). Dove sono i soldi? (*Con gioia*). Eccoli qui, sotto la fodera... Sono tutto sudato...

(*Entrano Ljubov' Andreevna e Charlotta Ivanovna*)

LJUBOV' ANDREEVNA (*canticchia un motivetto di danza caucasica*) Perché Leonid non è ancora tornato? Che farà in città? (*A Dunjaša*). Dunjaša, offri il tè ai suonatori...

TROFIMOV Forse l'asta non c'è stata.

LJUBOV' ANDREEVNA Tutto a sproposito: e l'orchestra che è venuta qui e la festa che abbiamo messo su... Ma fa niente... (*Canticchia piano*).

CHARLOTTA (*porge a Piščik un mazzo di carte*) Ecco un mazzo. Pensi una carta.

PIŠČIK Fatto.

CHARLOTTA Adesso mischi. Benissimo. Dia qua, mio caro signor Piščik. Ein, zwei, drei! Adesso la cerchi, è nella sua tasca interna...

Пищик (*достает из бокового кармана карту*). Восьмерка пик, совершенно верно! (*Удивляясь.*) Вы подумайте!

Шарлотта (*держит на ладони колоду карт, Трофимову*). Говорите скорее, какая карта сверху?

Трофимов. Что ж? Ну, дама пик.

Шарлотта. Есть! (*Пищику.*) Ну? Какая карта сверху?

Пищик. Туз червовый.

Шарлотта. Есть!.. (*Бьет по ладони, колода карт исчезает.*) А какая сегодня хорошая погода! (*Ей отвечает таинственный женский голос, точно из-под пола: «О, да, погода великолепная, сударыня».*) Вы такой хороший мой идеал... (*Голос: «Вы, сударыня, мне тоже очень понравился».*)

Начальник станции (*аплодирует*). Госпожа чревовещательница, браво!

Пищик (*удивляясь*). Вы подумайте! Очаровательнейшая Шарлотта Ивановна... я просто влюблен...

Шарлотта. Влюблен? (*Пожав плечами.*) Разве вы можете любить? Guter Mensch, aber schlechter Musikant.

Трофимов (*хлопает Пищика по плечу*). Лошадь вы этакая...

Шарлотта. Прошу внимания, еще один фокус. (*Берет со стула плед.*) Вот очень хороший плед, я желаю продавать... (*Встряхивает.*) Не желает ли кто покупать?

Пищик (*удивляясь*). Вы подумайте!

Шарлотта. Ein, zwei, drei! (*Быстро поднимает опущенный плед; за пледом стоит Аня; она делает реверанс, бежит к матери, обнимает ее и убегает назад в залу при общем восторге.*)

Любовь Андреевна (*аплодирует*). Браво, браво!..

Шарлотта. Теперь еще! Ein, zwei, drei! (*Поднимает плед; за пледом стоит Варя и кланяется.*)

Пищик (*удивляясь*). Вы подумайте!

Шарлотта. Конец! (*Бросает плед на Пищика, делает реверанс и убегает в залу.*)

PIŠČIK (*tira fuori la carta dalla tasca interna*) L'otto di picche, esatto! (*Stupito*). Ma pensa!

CHARLOTTA (*tiene nel palmo il mazzo, a Trofimov*) Mi dica subito qual è la prima carta?

TROFIMOV E va bene... La donna di picche.

CHARLOTTA Perfetto! (*A Piščik*). Allora, qual è la prima carta?

PIŠČIK L'asso di cuori.

CHARLOTTA Perfetto!.. (*Dà un colpo sul palmo, il mazzo di carte scompare*). Che splendida giornata oggi! (*Le risponde una misteriosa voce femminile, che sembra venire da sotto il pavimento: «Oh, sì, una giornata meravigliosa, signorina»*). Lei è veramente il mio ideale. (*La voce: «Anche lei, signorina, mi piace molto»*)

IL CAPOSTAZIONE (*applaude*) Signora ventriloqua, brava!

PIŠČIK (*stupito*) Ma pensa! Affascinante Charlotta Ivanovna... io sono semplicemente innamorato...

CHARLOTTA Innamorato? (*Stringendosi nelle spalle*). Forse che lei è capace di amare? Guter Mensch, aber schlechter Musikant.

TROFIMOV (*batte Piščik sulla spalla*) Forza, cavallo...

CHARLOTTA Attenzione, prego. Ecco un altro numero. (*Prende da una sedia il plaid*). Vedete questo bellissimo plaid? Io lo voglio vendere... (*Scuote il plaid*). C'è qualcuno che vuole comperarlo?

PIŠČIK (*stupito*) Ma pensa!

CHARLOTTA Ein, zwei, drei! (*Solleva rapidamente il plaid che aveva calato; dietro il plaid c'è Anja; essa fa una riverenza, corre dalla madre, l'abbraccia e ritorna di corsa nella sala tra l'entusiasmo generale*).

LJUBOV' ANDREEVNA (*applaude*) Brava, brava!..

CHARLOTTA Ancora! Ein, zwei, drei! (*Alza il plaid; dietro c'è Varja che fa un inchino*).

PIŠČIK (*stupito*) Ma pensa!

CHARLOTTA Fine! (*Getta il plaid addosso a Piščik, fa una riverenza e scappa nella sala*).

Пищик *(спешит за ней)*. Злодейка... какова? Какова? *(Уходит.)*

Любовь Андреевна. А Леонида все нет. Что он делает в городе так долго, не понимаю! Ведь все уже кончено там, имение продано, или торги не состоялись, зачем же так долго держать в неведении!

Варя *(стараясь ее утешить)*. Дядечка купил, я в этом уверена.

Трофимов *(насмешливо)*. Да.

Варя. Бабушка прислала ему доверенность, чтобы он купил на ее имя с переводом долга. Это она для Ани. И я уверена, бог поможет, дядечка купит.

Любовь Андреевна. Ярославская бабушка прислала пятнадцать тысяч, чтобы купить имение на ее имя, — нам она не верит, — а этих денег не хватило бы даже проценты заплатить. *(Закрывает лицо руками.)* Сегодня судьба моя решается, судьба...

Трофимов *(дразнит Варю.)* Мадам Лопахина!

Варя *(сердито)*. Вечный студент! Уже два раза увольняли из университета.

Любовь Андреевна. Что же ты сердишься, Варя? Он дразнит тебя Лопахиным, ну что ж? Хочешь — выходи за Лопахина, он хороший, интересный человск. Не хочешь — не выходи; тебя, дуся, никто не неволит...

Варя. Я смотрю на это дело серьезно, мамочка, надо прямо говорить. Он хороший человек, мне нравится.

Любовь Андреевна. И выходи. Что же ждать, не понимаю!

Варя. Мамочка, не могу же я сама делать ему предложение. Вот уже два года все мне говорят про него, все говорят, а он или молчит, или шутит. Я понимаю. Он богатеет, занят делом, ему не до меня. Если бы были деньги, хоть немного, хоть бы сто рублей, бросила бы я все, ушла бы подальше. В монастырь бы ушла.

Трофимов. Благолепие!

Варя *(Трофимову)*. Студенту надо быть умным! *(Мягким тоном, со слезами.)* Какой вы стали некрасивый, Петя, как постарели! *(Любови Андреевне, уже не*

PIŠČIK (*le corre dietro*) Che birba, eh, che birba! (*Esce*).

LJUBOV' ANDREEVNA E Leonid che non torna... Cosa farà mai in città in tutto questo tempo, non capisco! Ormai tutto deve essere finito, la proprietà è venduta, oppure l'asta non c'è stata... Perché tenerci tanto all'oscuro!

VARJA (*cercando di consolarla*) Lo zio l'ha comprata, ne sono convinta.

TROFIMOV (*beffardo*) Sicuro.

VARJA La zia gli ha mandato la procura per comprare a suo nome, col trasferimento del debito. L'ha fatto per Anja. Dio ci aiuterà, lo zio farà l'acquisto.

LJUBOV' ANDREEVNA La zia di Jaroslavl' ha mandato quindicimila rubli per comprare la proprietà a suo nome – di noi non si fida – ma tutti questi soldi non basterebbero neppure per pagare gli interessi! (*Si copre il volto con le mani*). Oggi si decide il mio destino...

TROFIMOV (*prende in giro Varja*) Madame Lopachin!

VARJA (*arrabbiata*) Eterno studente! È già la seconda volta che la mandano via dall'università!

LJUBOV' ANDREEVNA Perché ti arrabbi, Varja? Che c'è di male se ti chiama madame Lopachin? Se vuoi, sposa Lopachin, è una brava persona, interessante. E se non vuoi, non sposarlo, nessuno ti obbliga, bella mia...

VARJA Per me, mamma, se devo dire la verità, è una faccenda seria. È una brava persona, mi piace.

LJUBOV' ANDREEVNA E allora sposalo. Cosa aspetti? Non capisco!

VARJA Non posso mica fargli io la dichiarazione, mamma. Sono ormai due anni che tutti mi parlano di lui. Tutti ne parlano, ma lui o sta zitto o scherza. Lo capisco: fa soldi, è pieno di impegni, che vuoi che gliene importi di me? Se avessi un po' di soldi, mica tanti, anche cento rubli, pianterei tutto e me ne andrei via. In un monastero andrei.

TROFIMOV Che paradiso!

VARJA (*a Trofimov*) Uno che fa l'università dovrebbe essere intelligente! (*Con tono tenero, quasi piangendo*). Come è diventato brutto, Petja, come è invecchiato! (*A*

плача.) Только вот без дела не могу, мамочка. Мне каждую минуту надо что-нибудь делать.

(Входит Яша.)

Яша *(едва удерживаясь от смеха)*. Епиходов бильярдный кий сломал!.. *(Уходит.)*

Варя. Зачем же Епиходов здесь? Кто ему позволил на бильярде играть? Не понимаю этих людей... *(Уходит.)*

Любовь Андреевна. Не дразните ее, Петя, вы видите, она и без того в горе.

Трофимов. Уж очень она усердная, не в свое дело суется. Все лето не давала покоя ни мне, ни Ане, боялась, как бы у нас романа не вышло. Какое ей дело? И к тому же я вида не подавал, я так далек от пошлости. Мы выше любви!

Любовь Андреевна. А я вот, должно быть, ниже любви. *(В сильном беспокойстве.)* Отчего нет Леонида? Только бы знать: продано имение или нет? Несчастье представляется мне до такой степени невероятным, что даже как-то не знаю, что̀ думать, теряюсь... Я могу сейчас крикнуть... могу глупость сделать. Спасите меня, Петя. Говорите же что-нибудь, говорите...

Трофимов. Продано ли сегодня имение или не продано — не все ли равно? С ним давно уже покончено, нет поворота назад, заросла дорожка. Успокойтесь, дорогая. Не надо обманывать себя, надо хоть раз в жизни взглянуть правде прямо в глаза.

Любовь Андреевна. Какой правде? Вы видите, где правда и где неправда, а я точно потеряла зрение, ничего не вижу. Вы смело решаете все важные вопросы, но скажите, голубчик, не потому ли это, что вы молоды, что вы не успели перестрадать ни одного вашего вопроса? Вы смело смотрите вперед, и не потому ли, что не видите и не ждете ничего страшного, так как жизнь еще скрыта

Ljubov' Andreevna, senza più piangere). Il fatto è che non posso stare con le mani in mano, mamma. Ho sempre bisogno di fare qualcosa.

(*Entra Jaša*)

JAŠA (*trattenendosi a stento dal ridere*) Epichodov ha rotto una stecca del biliardo!.. (*Esce*).

VARJA Che è venuto a fare qui Epichodov? Come si permette di giocare a biliardo? Che gente!.. (*Esce*).

LJUBOV' ANDREEVNA La lasci in pace, Petja. Non vede che ha già i suoi guai?

TROFIMOV È troppo zelante, ficca il naso negli affari degli altri. È tutta l'estate che non dà requie né a me, né ad Anja, per paura che ci innamoriamo. Ma perché s'impiccia? Per di più io non ho dato nessun motivo, sono così lontano dalla trivialità, io. Noi siamo al di sopra dell'amore!

LJUBOV' ANDREEVNA Io invece sarò al di sotto dell'amore. (*In uno stato di grande agitazione*). Perché non viene Leonid! Almeno sapere: l'hanno venduta la tenuta, o no? La sciagura mi sembra tanto inverosimile che non so neppure che cosa pensare, mi sento sperduta... Adesso potrei urlare, potrei fare una sciocchezza... Mi salvi, Petja. Dica qualcosa, parli...

TROFIMOV Che abbiano venduta oggi la tenuta oppure no, non è forse lo stesso? La faccenda è ormai chiusa da un pezzo. Indietro non si torna. Quel che è stato è stato. Si calmi, mia cara, non bisogna ingannare se stessi. Almeno una volta nella vita bisogna guardare in faccia la verità.

LJUBOV' ANDREEVNA Che verità? Lei vede dove è la verità e il suo contrario, io invece è come se avessi perso la vista, non vedo niente. Lei affronta impavido ogni problema importante, ma mi dica, carissimo, non sarà perché lei è giovane e non ha ancora fatto in tempo a vivere nella sofferenza neppure uno di questi suoi problemi? Lei guarda impavido in avanti, ma non sarà perché lei non vede e non aspetta nulla di terribile, essendo la vita nascosta ai suoi

от ваших молодых глаз? Вы смелее, честнее, глубже нас, но вдумайтесь, будьте великодушны хоть на кончике пальца, пощадите меня. Ведь я родилась здесь, здесь жили мои отец и мать, мой дед, я люблю этот дом, без вишневого сада я не понимаю своей жизни, и, если уж так нужно продавать, то продавайте и меня вместе с садом... *(Обнимает Трофимова, целует его в лоб.)* Ведь мой сын утонул здесь... *(Плачет.)* Пожалейте меня, хороший, добрый человек.

Трофимов. Вы знаете, я сочувствую всей душой.

Любовь Андреевна. Но надо иначе, иначе это сказать... *(Вынимает платок, на пол падает телеграмма.)* У меня сегодня тяжело на душе, вы не можете себе представить. Здесь мне шумно, дрожит душа от каждого звука, я вся дрожу, а уйти к себе не могу, мне одной в тишине страшно. Не осуждайте меня, Петя... Я вас люблю, как родного. Я охотно бы отдала за вас Аню, клянусь вам, только, голубчик, надо же учиться, надо курс кончить. Вы ничего не делаете, только судьба бросает вас с места на место, так это странно... Не правда ли? Да? И надо же что-нибудь с бородой сделать, чтобы она росла как-нибудь... *(Смеется.)* Смешной вы!

Трофимов *(поднимает телеграмму)*. Я не желаю быть красавцем.

Любовь Андреевна. Это из Парижа телеграмма. Каждый день получаю. И вчера, и сегодня. Этот дикий человек опять заболел, опять с ним нехорошо... Он просит прощения, умоляет приехать, и по-настоящему мне следовало бы съездить в Париж, побыть возле него. У вас, Петя, строгое лицо, но что же делать, голубчик мой, что мне делать, он болен, он одинок, несчастлив, а кто там поглядит за ним, кто удержит его от ошибок, кто даст ему во-время лекарства? И что ж тут скрывать или молчать, я люблю его, это ясно. Люблю, люблю... Это камень на моей шее, я иду с ним на дно, но я люблю этот камень и жить без него не могу. *(Жмет Трофи-*

giovani occhi? Lei è più impavido, più onesto, più profondo di noi, ma ci pensi, sia magnanimo almeno tanto così, abbia pietà di me. Vede, io sono nata qui, qui sono vissuti mio padre, mia madre, mio nonno. Amo questa casa, senza il giardino dei ciliegi non concepisco la mia vita e, se proprio lo si deve vendere, allora vendete anche me assieme al giardino... (*Abbraccia Trofimov, lo bacia sulla fronte*). E mio figlio è annegato qui... (*Piange*). Sia buono con me, lei che è tanto bravo e caro.

TROFIMOV Lo sa che ha tutta la mia comprensione.

LJUBOV' ANDREEVNA Ma non è così, non è così che si devono dire queste cose... (*Prende di tasca un fazzoletto e un telegramma cade per terra*). Mi sento un tal peso addosso, lei non se lo immagina nemmeno. Tutto questo rumore mi dà fastidio, l'anima freme ad ogni suono, tremo tutta. Ma ritirarmi nella mia camera non posso, sola nel silenzio sono presa dalla paura. Non mi giudichi male, Petja... A lei voglio bene come a un figlio. Le darei volentieri in moglie Anja, glielo giuro, solo che, mio caro, prima bisogna studiare, finire l'università. E invece lei non fa niente, si lascia sballottare dalla sorte. È tutto così strano, non è vero? È d'accordo? E faccia qualcosa alla sua barba, tanto per darle un po' di forma... (*Ride*). Lei è proprio un bel tipo!

TROFIMOV (*raccoglie il telegramma*) Non aspiro ad essere un Apollo.

LJUBOV' ANDREEVNA È un telegramma da Parigi. Ne ricevo uno ogni giorno. Ieri, oggi. Quel mezzo matto si è ammalato di nuovo, è di nuovo nei guai... Chiede perdono, mi scongiura di ritornare, e in fondo dovrei tornare a Parigi, e stargli accanto. Che aria severa ha lei, Petja, ma che cosa dovrei fare, caro, lui è malato, è solo, infelice, e chi si prenderà cura di lui laggiù, chi lo tratterrà dagli errori, chi gli darà al tempo giusto le medicine? E perché nasconderlo o non dirlo, lo amo, è evidente. Lo amo, lo amo... È una pietra che ho al collo e che mi trascina giù, ma io amo questa pietra e senza di essa non riesco a vivere. (*Preme la*

мову руку.) Не думайте дурно, Петя, не говорите мне ничего, не говорите...

Трофимов *(сквозь слезы)*. Простите за откровенность бога ради: ведь он обобрал вас!

Любовь Андреевна. Нет, нет, нет, не надо говорить так... *(Закрывает уши.)*

Трофимов. Ведь он негодяй, только вы одна не знаете этого! Он мелкий негодяй, ничтожество...

Любовь Андреевна *(рассердившись, но сдержанно)*. Вам 26 лет или 27, а вы все еще гимназист второго класса!

Трофимов. Пусть!

Любовь Андреевна. Надо быть мужчиной, в ваши годы надо понимать тех, кто любит. И надо самому любить... надо влюбляться! *(Сердито.)* Да, да! И у вас нет чистоты, а вы просто чистюлька, смешной чудак, урод...

Трофимов *(в ужасе)*. Что она говорит!

Любовь Андреевна. «Я выше любви!» Вы не выше любви, а просто, как вот говорит наш Фирс, вы недотепа. В ваши годы не иметь любовницы!..

Трофимов *(в ужасе)*. Это ужасно! Что она говорит?! *(Идет быстро в залу, схватив себя за голову.)* Это ужасно... Не могу, я уйду... *(Уходит, но тотчас же возвращается.)* Между нами все кончено! *(Уходит в переднюю.)*

Любовь Андреевна *(кричит вслед)*. Петя, погодите! Смешной человек, я пошутила! Петя!

(Слышно, как в передней кто-то быстро идет по лестнице и вдруг с грохотом падает вниз. Аня и Варя вскрикивают, но тотчас же слышится смех.)

Любовь Андреевна. Что там такое?

(Вбегает Аня.)

mano a Trofimov). Non pensi male, Petja, non mi dica nulla, nulla...

TROFIMOV (*trattenendo le lacrime*) Scusi la sincerità, la prego: ma quell'uomo l'ha depredata!

LJUBOV' ANDREEVNA No, no, no. Non dica così... (*Si tura le orecchie*).

TROFIMOV È un mascalzone! Lei è l'unica a non saperlo! È un piccolo mascalzone, una nullità...

LJUBOV' ANDREEVNA (*adirata, ma in tono contenuto*) Lei, coi suoi ventisei o ventisette anni, è rimasto uno studentello di ginnasio!

TROFIMOV Non importa!

LJUBOV' ANDREEVNA Sia uomo! Alla sua età si dovrebbero capire le persone che amano. E dovrebbe amare anche lei... dovrebbe innamorarsi! (*Con rabbia*). Sì, sì! Ma non è che lei sia un puro, lei è soltanto uno schizzinoso, un ridicolo originale, un mostro...

TROFIMOV (*inorridito*) Ma che sta dicendo, questa!

LJUBOV' ANDREEVNA «Io sono al di sopra dell'amore!». Lei non è al di sopra dell'amore, lei, come dice il nostro Firs, è semplicemente un tonto. Alla sua età non avere un'amante!..

TROFIMOV (*inorridito*) È orribile! Che cosa sta dicendo, questa?! (*Va rapidamente nella sala tenendosi la testa tra le mani*). È terribile... Io non posso, me ne vado... (*Se ne va ma subito torna indietro*). Fra noi tutto è finito! (*Esce verso l'anticamera*).

LJUBOV' ANDREEVNA (*gli grida dietro*) Petja, aspetti! Sciocchino, ho scherzato! Petja!

(*Si sentono i passi di uno che in anticamera scende rapidamente le scale e all'improvviso ruzzola giù con fragore. Anja e Varja gridano, ma subito si sente una risata*)

LJUBOV' ANDREEVNA Che è successo?

(*Entra di corsa Anja*)

Аня (*смеясь*). Петя с лестницы упал! (*Убегает.*)

Любовь Андреевна. Какой чудак этот Петя...

(*Начальник станции останавливается среди залы и читает «Грешницу» А. Толстого. Его слушают, но едва он прочел несколько строк, как из передней доносятся звуки вальса, и чтение обрывается. Все танцуют. Проходят из передней Трофимов, Аня, Варя и Любовь Андреевна.*)

Любовь Андреевна. Ну, Петя... ну, чистая душа... я прощения прошу... Пойдемте танцовать... (*Танцует с Петей*).

(*Аня и Варя танцуют.*)

(*Фирс входит, ставит свою палку около боковой двери. Яша тоже вошел из гостиной, смотрит на танцы.*)

Яша. Что, дедушка?

Фирс. Нездоровится. Прежде у нас на балах танцовали генералы, бароны, адмиралы, а теперь посылаем за почтовым чиновником и начальником станции, да и те не в охотку идут. Что-то ослабел я. Барин покойный, дедушка, всех сургучом пользовал, от всех болезней. Я сургуч принимаю каждый день уже лет двадцать, а то и больше; может, я от него и жив.

Яша. Надоел ты, дед. (*Зевает.*) Хоть бы ты поскорее подох.

Фирс. Эх, ты... недотепа! (*Бормочет.*)

(*Трофимов и Любовь Андреевна танцуют в зале, потом в гостиной.*)

Любовь Андреевна. Merci. Я посижу... (*Садится.*) Устала.

ANJA (*ridendo*) Petja è caduto dalle scale! (*Esce di corsa*).

LJUBOV' ANDREEVNA Bell'originale, questo Petja...

(*Il capostazione si mette in mezzo alla sala e recita «La peccatrice» di Aleksej Tolstoj. Lo ascoltano, ma non appena ha recitato qualche verso, dall'anticamera giungono i suoni di un valzer e la declamazione s'interrompe. Tutti ballano. Provenendo dall'anticamera, passano Trofimov, Anja, Varja, Ljubov' Andreevna*)

LJUBOV' ANDREEVNA Su, Petja... su, anima candida... le chiedo perdono... Andiamo a ballare... (*Balla con Petja*).

(*Anja e Varja ballano*)

(*Entra Firs, mette il suo bastone accanto alla porta laterale. Anche Jaša è entrato dal salotto e guarda quelli che ballano*)

JAŠA Come andiamo, nonno?

FIRS Mica tanto bene. Prima ai nostri balli venivano generali, baroni, ammiragli, e adesso mandiamo a chiamare l'impiegato delle poste e il capostazione, e anche quelli bisogna pregarli. Mi sento una fiacca addosso. Il vecchio padrone buon'anima trattava tutti con la ceralacca, contro tutte le malattie. Io la ceralacca la prendo tutti i giorni, saranno vent'anni, se non di più; e forse per questo che sono ancora vivo.

JAŠA Sei un rompiscatole tu, nonno. (*Sbadiglia*). Prima crepi, meglio è.

FIRS Che tonto che sei! (*Borbotta*).

(*Trofimov e Ljubov' Andreevna ballano nella sala, poi nel salotto*)

LJUBOV' ANDREEVNA Merci. Io mi siedo un po'... (*Si siede*). Sono stanca.

(Входит Аня.)

Аня *(взволнованно)*. А сейчас на кухне какой-то человек говорил, что вишневый сад уже продан сегодня.

Любовь Андреевна. Кому продан?

Аня. Не сказал, кому. Ушел. *(Танцует с Трофимовым, оба уходят в залу.)*

Яша. Это там какой-то старик болтал. Чужой.

Фирс. А Леонида Андреича еще нет, не приехал. Пальто на нем легкое, деми-сезон, того гляди, простудится. Эх, молодо-зелено!

Любовь Андреевна. Я сейчас умру. Подите, Яша, узнайте, кому продано.

Яша. Да он давно ушел, старик-то. *(Смеется.)*

Любовь Андреевна *(с легкой досадой)*. Ну, чему вы смеетесь? Чему рады?

Яша. Очень уж Епиходов смешной. Пустой человек. Двадцать два несчастья.

Любовь Андреевна. Фирс, если продадут имение, то куда ты пойдешь?

Фирс. Куда прикажете, туда и пойду.

Любовь Андреевна. Отчего у тебя лицо такое? Ты нездоров? Шел бы, знаешь, спать...

Фирс. Да... *(С усмешкой.)* Я уйду спать, а без меня тут кто подаст, кто распорядится? Один на весь дом.

Яша *(Любови Андреевне)*. Любовь Андреевна! Позвольте обратиться к вам с просьбой, будьте так добры! Если опять поедете в Париж, то возьмите меня с собой, сделайте милость. Здесь мне оставаться положительно невозможно. *(Оглядываясь, вполголоса.)* Что ж там говорить, вы сами видите, страна необразованная, народ безнравственный, при том скука, на кухне кормят безобразно, а тут еще Фирс этот ходит, бормочет разные неподходящие слова. Возьмите меня с собой, будьте так добры!

(Входит Пищик.)

(*Entra Anja*)

ANJA (*agitata*) Un tizio ha detto adesso in cucina che il giardino dei ciliegi è già stato venduto oggi.

LJUBOV' ANDREEVNA Venduto a chi?

ANJA Non l'ha detto. Se n'è andato. (*Balla con Trofimov. Se ne vanno nella sala*).

JAŠA Ah, è stato un vecchio a dirlo. Uno di fuori.

FIRS E Leonid Andreevič che non torna. Si è messo un soprabito leggero, non adatto alla stagione. Non vorrei che si buscasse un raffreddore. Ah, questa gioventù!

LJUBOV' ANDREEVNA Mi sento morire. Jaša, cerchi di sapere a chi è stato venduto.

JAŠA Ma quel vecchio se n'è andato da un pezzo. (*Ride*).

LJUBOV' ANDREEVNA (*un po' seccata*) Cosa c'è da ridere? Perché tanta allegria?

JAŠA Quell'Epichodov è proprio buffo. Non vale niente. Trentatre disgrazie.

LJUBOV' ANDREEVNA Firs, se vendono la tenuta, tu dove andrai?

FIRS Dove comanderà, signora.

LJUBOV' ANDREEVNA Ti senti male? Che brutta cera hai. Faresti meglio ad andare a letto...

FIRS Già... (*Con un sorrisetto*). Se vado a letto, qui chi resta a servire e a dare disposizioni? Non ci sono che io in questa casa.

JAŠA (*a Ljubov' Andreevna*) Ljubov' Andreevna! Mi permetta di rivolgerle una preghiera, sia così gentile! Se torna a Parigi, mi porti con lei, per favore. Io qui non posso assolutamente restare. (*Guardandosi intorno, a mezza voce*). Non è il caso di parlarne, anche lei lo vede: un paese incolto, un popolo immorale, una noia da morire, si mangia da cani, e poi questo Firs che gira e borbotta parole sgangherate. Mi porti con lei, per favore!

(*Entra Piščik*)

Пищик. Позвольте просить вас... на вальсишку, прекраснейшая... *(Любовь Андреевна идет с ним.)* Очаровательная, все-таки 180 рубликов я возьму у вас... Возьму... *(Танцует.)* 180 рубликов... *(Перешли в залу.)*

Яша *(тихо напевает)*. «Поймешь ли ты души моей волненье...»

(В зале фигура в сером цилиндре и в клетчатых панталонах машет руками и прыгает; крики: «Браво, Шарлотта Ивановна!»)

Дуняша *(остановилась, чтобы попудриться)*. Барышня велит мне танцовать — кавалеров много, а дам мало, — а у меня от танцев кружится голова, сердце бьется, Фирс Николаевич, а сейчас чиновник с почты такое мне сказал, что у меня дыхание захватило.

(Музыка стихает.)

Фирс. Что он тебе сказал?

Дуняша. Вы, говорит, как цветок.

Яша *(зевает)*. Невежество... *(Уходит.)*

Дуняша. Как цветок... Я такая деликатная девушка, ужасно люблю нежные слова.

Фирс. Закрутишься ты.

(Входит Епиходов.)

Епиходов. Вы, Авдотья Федоровна, не желаете меня видеть... как будто я какое насекомое. *(Вздыхает.)* Эх, жизнь!

Дуняша. Что вам угодно?

Епиходов. Несомненно, может, вы и правы. *(Вздыхает.)* Но, конечно, если взглянуть с точки зрения, то вы, позволю себе так выразиться, извините за откровенность, совершенно привели меня в состояние духа. Я знаю свою фортуну, каждый день со мной случается какое-нибудь несчастье, и к этому я давно уже привык,

PROPRIETARIO TERRIERO

PIŠČIK Mi conceda questo valzerino, bellissima... (*Ljubov' Andreevna va con lui*). O mia divina, quei centottanta rublettini lei me li mollerà... (*Balla*). Centottanta rublettini... (*Si spostano in sala*).

JAŠA (*canticchia*) «Tu non capisci lo strazio del mio cuore...».

(*Nella sala una figura in cilindro grigio e in pantaloni a quadri gesticola e salta. Si sentono delle grida: «Brava, Charlotta Ivanovna!»*)

CAMERIERA

DUNJAŠA (*si è fermata per darsi un po' di cipria*) La signorina mi ha detto di ballare – di cavalieri ce ne sono tanti, e le dame sono poche – ma a me ballare fa girare la testa e fa venire il batticuore, Firs Nikolaevič, e adesso l'impiegato delle poste mi ha detto una cosa che mi ha lasciata senza fiato.

(*La musica piano piano cessa*)

FIRS Che cosa ti ha detto?

DUNJAŠA Lei, mi ha detto, è come un fiore.

JAŠA (*sbadiglia*) Che ignoranza... (*Esce*).

DUNJAŠA Come un fiore... Io sono una ragazza delicata, mi piacciono tanto le parole dolci...

FIRS Finirai male.

(*Entra Epichodov*)

CONTABILE

EPICHODOV Lei, Avdot'ja Fëdorovna, non desidera vedermi... come se io fossi un insetto. (*Sospira*). Eh, la vita!

DUNJAŠA Che vuole?

EPICHODOV Certo, forse lei ha ragione. (*Sospira*). Ma, naturalmente, se si guarda dal punto di vista, allora, se posso così esprimermi, scusi la sincerità, lei mi ha ridotto in uno stato d'animo. Io conosco la mia sorte, ogni giorno mi capita una disgrazia, e da un pezzo ci sono già abituato,

так что с улыбкой гляжу на свою судьбу. Вы дали мне слово, и хотя я...

Д у н я ш а. Прошу вас, после поговорим, а теперь оставьте меня в покое. Теперь я мечтаю. *(Играет веером.)*

Е п и х о д о в. У меня несчастье каждый день, и я, позволю себе так высказаться, только улыбаюсь, даже смеюсь.

(Входит из залы Варя.)

В а р я. Ты все еще не ушел, Семен? Какой же ты, право, неуважительный человек. *(Дуняше.)* Ступай отсюда, Дуняша. *(Епиходову.)* То на бильярде играешь и кий сломал, то по гостиной расхаживаешь, как гость.

Е п и х о д о в. С меня взыскивать, позвольте вам выразиться, вы не можете.

В а р я. Я не взыскиваю с тебя, а говорю. Только и знаешь, что ходишь с места на место, а делом не занимаешься. Конторщика держим, а неизвестно — для чего.

Е п и х о д о в *(обиженно)*. Работаю ли я, хожу ли, кушаю ли, играю ли на бильярде, про то могут рассуждать только люди понимающие и старшие.

В а р я. Ты смеешь мне говорить это! *(Вспылив.)* Ты смеешь? Значит, я ничего не понимаю? Убирайся же вон отсюда! Сию минуту!

Е п и х о д о в *(струсив)*. Прошу вас выражаться деликатным способом.

В а р я *(выйдя из себя)*. Сию же минуту вон отсюда! Вон! *(Он идет к двери, она за ним.)* Двадцать два несчастья! Чтобы духу твоего здесь не было! Чтобы глаза мои тебя не видели! *(Епиходов вышел; за дверью его голос: «Я на вас буду жаловаться».)* А, ты назад идешь? *(Хватает палку, поставленную около двери Фирсом.)* Иди... Иди... Иди, я тебе покажу... А, ты идешь? Идешь? Так вот же тебе... *(Замахивается, в это время входит Лопахин.)*

Л о п а х и н. Покорнейше благодарю.

sicché con un sorriso contemplo il mio destino. Lei mi ha dato la sua parola, e benché io...

DUNJAŠA La prego, parleremo più tardi, ma adesso mi lasci in pace. Adesso sto sognando. (*Giocherella col ventaglio*).

EPICHODOV Ogni giorno una disgrazia e io, se mi è permesso di esprimermi così, sorrido soltanto, e rido persino.

(*Dal salone entra Varja*)

2° FIGLIA

VARJA Semën, sei ancora qui? Come sei irriguardoso. (*A Dunjaša*). È meglio che te ne vada, Dunjaša. (*A Epichodov*). Prima giochi a biliardo e rompi una stecca, adesso giri nel salotto come un invitato.

EPICHODOV Lei non ha diritto, se così posso esprimermi, di farmi delle reprimende.

VARJA Non ti faccio una reprimenda, parlo semplicemente. Non fai che andare di qui e di là e trascuri il lavoro. Teniamo un contabile e non si sa perché.

EPICHODOV (*offeso*) Se io lavoro, cammino, mangio, gioco a biliardo, lo possono giudicare soltanto le persone che capiscono e stanno più in alto.

VARJA Osi dirmi cose simili! (*S'infuria*). Allora io non capirei niente? Vattene via di qui! Immediatamente!

EPICHODOV (*spaurito*) La prego di esprimersi con delicatezza.

VARJA (*perdendo le staffe*) Fuori di qui immediatamente! Fuori! (*Egli va verso la porta, lei lo segue*). Trentatre disgrazie! Sparisci! Non ti voglio più vedere! (*Epichodov è uscito. Si sente da dietro la porta la sua voce: «Farò una protesta contro di lei»*). Ah, stai ritornando? (*Prende il bastone che Firs ha lasciato vicino alla porta*). Vieni, vieni... vieni che ti faccio vedere io... Allora stai ritornando? Prenditi questa... (*Assesta una bastonata, in quel momento entra Lopachin*).

LOPACHIN Tante grazie!

MERCANTE

Варя *(сердито и насмешливо)*. Виновата!

Лопахин. Ничего-с. Покорно благодарю за приятное угощение.

Варя. Не сто́ит благодарности. *(Отходит, потом оглядывается и спрашивает мягко.)* Я вас не ушибла?

Лопахин. Нет, ничего. Шишка, однако, вскочит огромадная.

Голоса в зале. Лопахин приехал! Ермолай Алексеич!

Пищик. Видом видать, слыхом слыхать... *(Целуется с Лопахиным.)* Коньячком от тебя попахивает, милый мой, душа моя. А мы тут тоже веселимся.

(Входит Любовь Андреевна.)

Любовь Андреевна. Это вы, Ермолай Алексеич? Отчего так долго? Где Леонид?

Лопахин. Леонид Андреич со мной приехал, он идет...

Любовь Андреевна *(волнуясь)*. Ну, что? Были торги? Говорите же!

Лопахин *(сконфуженно, боясь обнаружить свою радость)*. Торги кончились к четырем часам... Мы к поезду опоздали, пришлось ждать до половины десятого. *(Тяжело вздохнув.)* Уф! У меня немножко голова кружится...

(Входит Гаев; в правой руке у него покупки, левой он утирает слезы.)

Любовь Андреевна. Леня, что? Леня, ну? *(Нетерпеливо, со слезами.)* Скорей же, бога ради...

Гаев *(ничего ей не отвечает, только машет рукой; Фирсу, плача)*. Вот возьми... Тут анчоусы, керченские сельди... Я сегодня ничего не ел... Столько я выстрадал! *(Дверь в бильярдную открыта; слышен стук шаров и голос Яши: «Семь и восемнадцать!» У Гаева ме-*

VARJA (*in tono arrabbiato e beffardo*) Chiedo scusa!

LOPACHIN Fa niente. Un bel grazie per la piacevole accoglienza.

VARJA Non c'è di che. (*Fa per uscire, poi si volta e chiede dolcemente*). Le ho fatto male?

LOPACHIN No, niente. Mi verrà un bel bernoccolo però.

VOCI NEL SALONE È arrivato Lopachin! Ermolaj Alekseevič!

PIŠČIK Ma guarda un po' chi si vede... (*Piščik e Lopachin si baciano*). Si sente che hai bevuto del cognac, carissimo. Ma anche noi qui stiamo in allegria.

(*Entra Ljubov' Andreevna*)

LJUBOV' ANDREEVNA È lei, Ermolaj Alekseevič? Perché così tardi? Dov'è Leonid?

LOPACHIN Leonid Andreevič è tornato con me, sta venendo...

LJUBOV' ANDREEVNA (*agitata*) Allora? C'è stata l'asta? Parli!

LOPACHIN (*confuso, temendo di tradire la sua gioia*) L'asta è finita verso le quattro... Abbiamo perduto il treno, ci è toccato aspettare fino alle nove e mezzo... (*Con un pesante sospiro*). Uff! Mi gira un po' la testa...

(*Entra Gaev; nella mano destra ha dei pacchetti, con la sinistra si asciuga le lacrime*)

LJUBOV' ANDREEVNA Lënja? E allora? Lënja! Su, racconta. (*Impaziente, col pianto nella voce*). Presto, in nome di Dio...

GAEV (*non risponde nulla, fa soltanto un gesto con la mano; a Firs, piangendo*) To', prendi... Sono acciughe, aringhe... Oggi non ho mangiato niente... Quanto ho sofferto! (*La porta della sala da biliardo è aperta; si sente il rumore delle palle che si urtano e la voce di Jaša: «Sette a

няется выражение, он уже не плачет.) Устал я ужасно. Дашь мне, Фирс, переодеться. *(Уходит к себе через залу, за ним Фирс.)*

Пищик. Что на торгах? Рассказывай же!

Любовь Андреевна. Продан вишневый сад?

Лопахин. Продан.

Любовь Андреевна. Кто купил?

Лопахин. Я купил. *(Пауза.)*

(Любовь Андреевна угнетена; она упала бы, если бы не стояла возле кресла и стола. Варя снимает с пояса ключи, бросает их на пол, посреди гостиной, и уходит.)

Лопахин. Я купил! Погодите, господа, сделайте милость, у меня в голове помутилось, говорить не могу... *(Смеется.)* Пришли мы на торги, там уже Дериганов. У Леонида Андреича было только пятнадцать тысяч, а Дериганов сверх долга сразу надавал тридцать. Вижу, дело такое, я схватился с ним, надавал сорок. Он сорок пять. Я пятьдесят пять. Он, значит, по пяти надбавляет, я по десяти... Ну, кончилось. Сверх долга я надавал девяносто, осталось за мной. Вишневый сад теперь мой! Мой! *(Хохочет.)* Боже мой, господи, вишневый сад мой! Скажите мне, что я пьян, не в своем уме, что все это мне представляется... *(Топочет ногами.)* Не смейтесь надо мной! Если бы отец мой и дед встали из гробов и посмотрели на все происшествие, как их Ермолай, битый, малограмотный Ермолай, который зимой босиком бегал, как этот самый Ермолай купил имение, прекрасней которого ничего нет на свете. Я купил имение, где дед и отец были рабами, где их не пускали даже в кухню. Я сплю, это только мерещится мне, это только кажется... Это плод вашего воображения, покрытый мраком неизвестности... *(Поднимает ключи, ласково улыбаясь.)* Бросила ключи, хочет показать, что она уж не хозяйка здесь...

diciotto». Gaev cambia faccia, non piange più). Sono stanco morto. Firs, devo cambiarmi. (*Se ne va in camera sua attraversando la sala, Firs lo segue*).

PIŠČIK Ma come è andata l'asta? Racconta!

LJUBOV' ANDREEVNA È stato venduto il giardino dei ciliegi?

LOPACHIN Sì.

LJUBOV' ANDREEVNA Chi l'ha comperato?

LOPACHIN L'ho comprato io. (*Pausa*)

(*Ljubov' Andreevna è affranta; crollerebbe se non si trovasse accanto a un tavolo e una poltrona. Varja si toglie dalla cintola le chiavi, le butta per terra, in mezzo al salotto, ed esce*).

LOPACHIN L'ho comprato io! Aspettate, signori, fatemi la cortesia, ho la testa confusa, non riesco a parlare... (*Ride*). Arriviamo all'asta, Deriganov era già là. Leonid Andreevič aveva soltanto quindicimila, e Deriganov di colpo offre trentamila più il debito. Vedo come si mettono le cose, mi butto in gara con lui e offro quaranta. Lui quarantacinque. Io cinquantacinque. Lui aumenta di cinque, io di dieci... Finalmente si è chiuso. In più del debito ho dato novanta, l'ho vinta io. Il giardino dei ciliegi adesso è mio! Mio! (*Ride*). Signore Iddio santissimo, il giardino dei ciliegi è mio! Ditemi che sono ubriaco, che sono matto, che ho le traveggole... (*Batte i piedi*). Non ridete di me! Se mio padre e mio nonno si levassero dalla tomba e guardassero tutto quello che è successo, come il loro Ermolaj, il ragazzo coperto di busse e semianalfabeta, che d'inverno girava a piedi nudi, proprio lui, questo Ermolaj, ha comprato la tenuta più bella che ci sia al mondo. Io ho comprato la tenuta dove mio nonno e mio padre erano schiavi, dove non erano ammessi neppure in cucina. Sto dormendo, è soltanto un sogno, un'illusione... È un frutto della vostra fantasia, avvolto nella tenebra dell'ignoto... (*Raccoglie le chiavi, sorridendo dolcemente*). Ha buttato le chiavi, per far vedere che

(Звенит ключами.) Ну, да все равно. *(Слышно, как настраивается оркестр.)* Эй, музыканты, играйте, я желаю вас слушать! Приходите все смотреть, как Ермолай Лопахин хватит топором по вишневому саду, как упадут на землю деревья! Настроим мы дач, и наши внуки и правнуки увидят тут новую жизнь... Музыка, играй!

(Играет музыка. Любовь Андреевна опустилась на стул и горько плачет).

Лопахин *(с укором).* Отчего же, отчего вы меня не послушали? Бедная моя, хорошая, не вернешь теперь. *(Со слезами.)* О, скорее бы все это прошло, скорее бы изменилась как-нибудь наша нескладная, несчастливая жизнь.

Пищик *(берет его под руку, вполголоса).* Она плачет. Пойдем в залу, пусть она одна... Пойдем... *(Берет его под руку и уводит в залу.)*

Лопахин. Что ж такое? Музыка, играй отчетливо! Пускай всё, как я желаю! *(С иронией.)* Идет новый помещик, владелец вишневого сада! *(Толкнул нечаянно столик, едва не опрокинул канделябры.)* За все могу заплатить! *(Уходит с Пищиком.)*

(В зале и гостиной нет никого, кроме Любови Андреевны, которая сидит, сжалась вся и горько плачет. Тихо играет музыка. Быстро входят Аня и Трофимов. Аня подходит к матери и становится перед ней на колени. Трофимов остается у входа в залу.)

Аня. Мама!.. Мама, ты плачешь? Милая, добрая, хорошая моя мама, моя прекрасная, я люблю тебя... я благословляю тебя. Вишневый сад продан, его уже нет, это правда, правда, но не плачь, мама, у тебя осталась жизнь впереди, осталась твоя хорошая, чистая душа...

non è più la padrona qui... (*Fa tintinnare le chiavi*). Ma sì, che importa. (*Si sente l'orchestra che sta accordando gli strumenti*). Ehi, voi dell'orchestra, suonate, voglio sentire la vostra musica! Venite tutti a vedere come Ermolaj Lopachin alzerà la scure sul giardino dei ciliegi, come cadranno a terra gli alberi! Costruiremo delle ville, e i nostri nipoti e pronipoti vedranno qui una nuova vita... Musica!

(*Suona la musica. Ljubov' Andreevna si è lasciata cadere su una sedia e piange amaramente*)

LOPACHIN (*con tono di rimprovero*) Perché, perché non mi ha dato retta? Povera, cara, ormai è fatta. (*Trattenendo le lacrime*). Oh, se tutto questo passasse presto, se presto cambiasse questa nostra vita sciagurata, infelice.

PIŠČIK (*lo prende sottobraccio, a mezza voce*) Sta piangendo. Andiamo di là. Lasciamola sola... Andiamo... (*Lo prende sottobraccio e lo porta nella sala*).

LOPACHIN Ma insomma, che succede? Su con la musica! Tutto deve essere come voglio io! (*Con ironia*). Avanza il nuovo proprietario, il padrone del giardino dei ciliegi! (*Urta inavvertitamente un tavolino e per poco non fa cadere a terra i candelabri*). Tutto posso pagare! (*Esce con Piščik*).

(*Nella sala e nel salotto non è rimasto più nessuno tranne Ljubov' Andreevna, che sta seduta, tutta rannicchiata, e piange amaramente. La musica suona sommessamente. A rapidi passi entrano Anja e Trofimov. Anja si avvicina alla madre, e si mette in ginocchio davanti a lei. Trofimov resta presso la porta della sala*)

ANJA Mamma... mamma, perché piangi? Mia cara, buona, dolce mamma, mia splendida mamma, ti voglio bene... ti benedico. Il giardino dei ciliegi è stato venduto, non c'è più, è vero, ma non piangere, mamma, hai ancora una vita davanti a te, hai la tua anima bella e pura... Vieni

Пойдем со мной, пойдем, милая, отсюда, пойдем!.. Мы насадим новый сад, роскошнее этого, ты увидишь его, поймешь, и радость, тихая, глубокая радость опустится на твою душу, как солнце в вечерний час, и ты улыбнешься, мама! Пойдем, милая! Пойдем!..

Занавес

con me, cara, andiamocene di qui!.. Noi pianteremo un nuovo giardino, più rigoglioso di questo, tu lo vedrai, capirai, e la gioia, una profonda, placida gioia scenderà sulla tua anima, come il sole nell'ora vespertina, e tu sorriderai, mamma! Andiamo, cara! Andiamo!..

Sipario

ДЕЙСТВИЕ ЧЕТВЕРТОЕ

Декорация первого акта. Нет ни занавесей на окнах, ни картин, осталось немного мебели, которая сложена в один угол, точно для продажи. Чувствуется пустота. Около выходной двери и в глубине сцены сложены чемоданы, дорожные узлы и т. п. Налево дверь открыта, оттуда слышны голоса Вари и Ани. Лопахин стоит, ждет. Яша держит поднос со стаканчиками, налитыми шампанским. В передней Епиходов увязывает ящик. За сценой в глубине гул. Это пришли прощаться мужики. Голос Гаева: «Спасибо, братцы, спасибо вам».

Яша. Простой народ прощаться пришел. Я такого мнения, Ермолай Алексеич: народ добрый, но мало понимает.

(Гул стихает. Входят через переднюю Любовь Андреевна и Гаев; она не плачет, но бледна, лицо ее дрожит, она не может говорить.)

Гаев. Ты отдала им свой кошелек, Люба. Так нельзя! Так нельзя!

Любовь Андреевна. Я не смогла! Я не смогла! *(Оба уходят.)*

Лопахин *(в дверь, им вслед)*. Пожалуйте, покорнейше прошу! По стаканчику на прощанье. Из города не догадался привезть, а на станции нашел только одну бутылку. Пожалуйте! *(Пауза.)* Что ж, господа! Не желаете? *(Отходит от двери.)* Знал бы — не покупал. Ну, и я пить не стану. *(Яша осторожно ставит поднос на стул.)* Выпей, Яша, хоть ты.

ATTO QUARTO

La scena del primo atto. Non ci sono né le tendine alle finestre, né i quadri, sono rimasti alcuni mobili, che sono stati ammucchiati in un angolo, come per essere venduti. Si ha una sensazione di vuoto. Vicino alla porta d'uscita in fondo alla scena sono ammucchiate valige, borse, fagotti ecc. La porta a sinistra è aperta, e di lì arrivano le voci di Varja e di Anja. Lopachin è in piedi, aspetta. Jaša regge un vassoio con piccoli bicchieri pieni di champagne. Nell'anticamera Epichodov lega una cassa. Dietro la scena, nel fondo, un vocio. Sono i contadini venuti a dare l'ultimo saluto. La voce di Gaev: «Grazie, amici, vi ringrazio».

GIOVANE CAMERIERE

JAŠA Il popolino è venuto a dare l'addio. Io la penso così, Ermolaj Alekseevič: il popolo è buono, ma di intelligenza corta.

(*Il vocio si smorza. Entrano dall'anticamera Ljubov' Andreevna e Gaev: essa non piange, ma è pallida, il suo viso è scosso da un fremito, non è in grado di parlare*)

GAEV Hai dato a loro il tuo borsellino, Ljuba. Non si deve fare così!

LJUBOV' ANDREEVNA È stato più forte di me!

(*Escono entrambi*)

LOPACHIN (*in direzione della porta, rivolgendosi a loro*) Vogliano favorire! Un bicchierino prima di lasciarci. Non ci ho pensato a portare il vino dalla città e alla stazione ne ho trovato soltanto una bottiglia. Favoriscano! (*Pausa*). Dunque, signori! Non ne avete voglia? (*S'allontana dalla porta*). Se lo sapevo non lo comperavo. Allora non bevo neppure io. (*Jaša con precauzione pone il vassoio su una sedia*). Jaša, bevi almeno tu.

Я ш а. С отъезжающими! Счастливо оставаться! *(Пьет.)* Это шампанское не настоящее, могу вас уверить.

Л о п а х и н. Восемь рублей бутылка. *(Пауза.)* Холодно здесь чертовски.

Я ш а. Не топили сегодня, все равно уезжаем. *(Смеется.)*

Л о п а х и н. Что ты?

Я ш а. От удовольствия.

Л о п а х и н. На дворе октябрь, а солнечно и тихо, как летом. Строиться хорошо. *(Поглядев на часы, в дверь.)* Господа, имейте в виду, до поезда осталось всего 47 минут! Значит, через 20 минут на станцию ехать. Поторапливайтесь.

(Трофимов в пальто входит со двора.)

Т р о ф и м о в. Мне кажется, ехать уже пора. Лошади поданы. Чорт его знает, где мои калоши. Пропали. *(В дверь.)* Аня, нет моих калош! Не нашел!

Л о п а х и н. А мне в Харьков надо. Поеду с вами в одном поезде. В Харькове проживу всю зиму. Я все болтался с вами, замучился без дела. Не могу без работы, не знаю, что вот делать с руками; болтаются как-то странно, точно чужие.

Т р о ф и м о в. Сейчас уедем, и вы опять приметесь за свой полезный труд.

Л о п а х и н. Выпей-ка стаканчик.

Т р о ф и м о в. Не стану.

Л о п а х и н. Значит, в Москву теперь?

Т р о ф и м о в. Да, провожу их в город, а завтра в Москву.

Л о п а х и н. Да... Что ж, профессора не читают лекций, небось, все ждут, когда приедешь!

Т р о ф и м о в. Не твое дело.

Л о п а х и н. Сколько лет, как ты в университете учишься?

Т р о ф и м о в. Придумай что-нибудь поновее. Это ста-

JAŠA Alla salute di chi parte! Tanti auguri a chi resta! (*Beve*). Non è vero champagne, questo, glielo garantisco io.

LOPACHIN Otto rubli la bottiglia. (*Pausa*). Fa un freddo cane qui.

JAŠA Non hanno acceso oggi, tanto si parte. (*Ride*).

LOPACHIN Cos'hai?

JAŠA È per il piacere che provo.

LOPACHIN È ottobre, ma è sereno e calmo come d'estate. L'ideale per fare i lavori. (*Guarda l'orologio, poi in direzione della porta*). Signori, tenete presente che alla partenza del treno mancano quarantasette minuti! Quindi fra venti minuti bisogna andare alla stazione. Sbrigatevi.

(*Trofimov in cappotto entra da fuori*)

STUDENTE UNIVERSITARIO

TROFIMOV Secondo me, è già ora di andare. I cavalli sono pronti. Dove diavolo saranno le mie calosce. Sono sparite. (*In direzione della porta*). Anja, sono senza calosce! Non le trovo!

LOPACHIN Io invece vado a Char'kov. Prendo lo stesso vostro treno. A Char'kov passerò tutto l'inverno. Con voi ne ho perso del tempo, sono stufo di non far niente. Non posso stare senza lavorare, non so che fare con queste mie braccia, mi penzolano non so perché, come se non fossero mie.

TROFIMOV Tra poco ce ne andremo, e lei riprenderà il suo utile lavoro.

LOPACHIN Bevi un bicchierino?

TROFIMOV No.

LOPACHIN Allora si va a Mosca?

TROFIMOV Sì, li accompagno in città, e domani a Mosca.

LOPACHIN Eh sì... I professori non fanno più lezioni, tutti aspettano soltanto che tu arrivi!

TROFIMOV Non sono affari tuoi.

LOPACHIN Quanti anni è che sei all'università?

TROFIMOV Inventa qualcosa di più originale. Questa è

ро и плоско. *(Ищет калоши.)* Знаешь, мы, пожалуй, не увидимся больше, так вот позволь мне дать тебе на прощанье один совет: не размахивай руками! Отвыкни от этой привычки — размахивать. И тоже вот строить дачи, рассчитывать, что из дачников со временем выйдут отдельные хозяева, рассчитывать так — это тоже значит размахивать... Как-никак, все-таки я тебя люблю. У тебя тонкие, нежные пальцы, как у артиста, у тебя тонкая, нежная душа...

Лопахин *(обнимает его)*. Прощай, голубчик. Спасибо за все. Ежели нужно, возьми у меня денег на дорогу.

Трофимов. Для чего мне? Не нужно.

Лопахин. Ведь у вас нет!

Трофимов. Есть. Благодарю вас. Я за перевод получил. Вот они тут, в кармане. *(Тревожно.)* А калош моих нет!

Варя *(из другой комнаты)*. Возьмите вашу гадость! *(Выбрасывает на сцену пару резиновых калош.)*

Трофимов. Что же вы сердитесь, Варя? Гм... Да это не мои калоши!

Лопахин. Я весной посеял маку тысячу десятин, и теперь заработал сорок тысяч чистого. А когда мой мак цвел, что это была за картина! Так вот я, говорю, заработал сорок тысяч и, значит, предлагаю тебе взаймы, потому что могу. Зачем же нос драть? Я мужик... попросту.

Трофимов. Твой отец был мужик, мой — аптекарь, и из этого не следует решительно ничего. *(Лопахин вынимает бумажник.)* Оставь, оставь... Дай мне хоть двести тысяч, не возьму. Я свободный человек. И все, что так высоко и дорого цените вы все, богатые и нищие, не имеет надо мной ни малейшей власти, вот как пух, который носится по воздуху. Я могу обходиться без вас, я могу проходить мимо вас, я силен и горд. Человечество идет к высшей правде, к высшему счастью, какое только возможно на земле, и я в первых рядах!

roba vecchia e scipita. (*Cerca le calosce*). Sai, forse non ci vedremo più, quindi permetti che ti dia un consiglio prima dell'addio: non agitare tanto le braccia! Levati questa brutta abitudine di sbracciare. E anche costruire villette e pensare che i villeggianti col tempo diventeranno dei piccoli proprietari, pensare così, anche questo è un modo di sbracciare... Comunque, ti voglio bene. Le tue dita sono sottili e delicate come quelle di un artista, la tua anima è sottile e delicata...

LOPACHIN (*l'abbraccia*) Addio, caro. Grazie di tutto. Se ti servono, ti do io i soldi per il viaggio.

TROFIMOV Perché poi? Non mi servono.

LOPACHIN Ma se lei non ne ha!

TROFIMOV Invece li ho. La ringrazio. Mi hanno pagato una traduzione. Eccoli qui, in tasca. (*Preoccupato*). E le mie calosce che non si trovano!

VARJA (*dall'altra camera*) Si prenda la sua robaccia! (*Scaraventa sulla scena un paio di calosce*).

TROFIMOV Perché arrabbiarsi, Varja? Ehm... Ma queste non sono le mie!

LOPACHIN In primavera ho seminato mille ettari a papavero, e adesso ho guadagnato quarantamila netti. E quando i miei papaveri erano in fiore, avresti dovuto vedere che spettacolo! Ti sto dicendo che ho guadagnato quarantamila e quindi se ti offro un prestito, è perché lo posso fare. Perché darsi tante arie? Io sono un contadino... parlo col cuore in mano.

TROFIMOV Tuo padre era contadino, il mio farmacista, il che non significa un bel nulla. (*Lopachin tira fuori il portafoglio*). Lascia stare... Anche se mi dai duecentomila rubli, non li prendo. Io sono un uomo libero. E tutto ciò che voi, ricchi e miserabili, tenete nella più alta considerazione su di me non ha nessunissima presa, come lanugine sospesa nell'aria. Io posso fare a meno di voi, io posso ignorarvi, io sono forte e orgoglioso. L'umanità va verso una verità superiore, verso una felicità superiore, la massima che ci possa essere sulla terra, e io sono nelle prime file!

Лопахин. Дойдешь?

Трофимов. Дойду. *(Пауза.)* Дойду, или укажу другим путь, как дойти.

(Слышно, как вдали стучат топором по дереву.)

Лопахин. Ну, прощай, голубчик. Пора ехать. Мы друг перед другом нос дерем, а жизнь знай себе проходит. Когда я работаю подолгу, без устали, тогда мысли полегче, и кажется, будто мне тоже известно, для чего я существую. А сколько, брат, в России людей, которые существуют неизвестно для чего. Ну, все равно, циркуляция дела не в этом. Леонид Андреич, говорят, принял место. будет в банке, шесть тысяч в год... Только ведь не усидит, ленив очень...

Аня *(в дверях)*. Мама вас просит: пока она не уехала, чтоб не рубили сада.

Трофимов. В самом деле, неужели не хватает такта... *(Уходит через переднюю.)*

Лопахин. Сейчас, сейчас... Экие, право. *(Уходит за ним.)*

Аня. Фирса отправили в больницу?

Яша. Я утром говорил. Отправили, надо думать.

Аня *(Епиходову, который проходит через залу.)* Семен Пантелеич, справьтесь, пожалуйста, отвезли ли Фирса в больницу.

Яша *(обиженно)*. Утром я говорил Егору. Что ж спрашивать по десяти раз!

Епиходов. Долголетний Фирс, по моему окончательному мнению, в починку не годится, ему надо к праотцам. А я могу ему только завидовать. *(Положил чемодан на картонку со шляпой и раздавил.)* Ну, вот, конечно. Так и знал. *(Уходит.)*

Яша *(насмешливо)*. Двадцать два несчастья...

Варя *(за дверью)*. Фирса отвезли в больницу?

Аня. Отвезли.

LOPACHIN Ci arriverai?

TROFIMOV Ci arriverò (*Pausa*). Ci arriverò e indicherò agli altri la via per arrivarci.

(*Si sente il lontano rumore di una scure che s'abbatte su un albero*)

LOPACHIN Allora, addio, mio caro. È ora di andare. Ci diamo tante arie tra noi, e intanto la vita passa. Quando lavoro sodo, senza conoscere riposo, allora i miei pensieri si fanno più leggeri e mi sembra di sapere anch'io perché esisto. Eppure, amico mio, quanta gente in Russia esiste senza sapere perché. Ma non fa niente. Il motore delle cose non sta qui. Leonid Andreevič, a quanto dicono, ha accettato il posto, lavorerà in banca, a seimila rubli l'anno... Ma dubito che resisterà, è troppo pigro...

ANJA (*sulla porta*) Mamma la prega di non far abbattere il giardino prima della sua partenza.

TROFIMOV Davvero, che assenza di tatto. (*Esce attraverso l'anticamera*).

LOPACHIN Subito, subito... Ma che gente, perbacco. (*Esce dietro di lui*).

ANJA Firs è stato portato all'ospedale?

JAŠA Ho detto di farlo stamattina. Penso che sia già là.

ANJA (*a Epichodov che sta attraversando la sala*) Semën Panteleevič, si informi, per favore, se hanno portato Firs all'ospedale.

JAŠA (*offeso*) L'ho detto a Egor stamattina! Perché chiederlo cento volte!

EPICHODOV Il longevo Firs, secondo il mio definitivo modo di vedere, non ha più bisogno di un restauro, per lui è ora di raggiungere gli antenati. E io non posso che invidiarlo. (*Mette una valigia sulla cappelliera e la schiaccia*). Naturalmente. Lo sapevo. (*Esce*).

JAŠA (*in tono beffardo*) Trentatre disgrazie...

VARJA (*dietro la porta*) Hanno portato Firs all'ospedale?

ANJA Sì.

Варя. Отчего же письмо не взяли к доктору?

Аня. Так надо послать вдогонку... *(Уходит.)*

Варя *(из соседней комнаты)*. Где Яша? Скажите, мать его пришла, хочет проститься с ним.

Яша *(машет рукой)*. Выводят только из терпения.

(Дуняша все время хлопочет около вещей; теперь, когда Яша остался один, она подошла к нему.)

Дуняша. Хоть бы взглянули разочек, Яша. Вы уезжаете... меня покидаете... *(Плачет и бросается ему на шею.)*

Яша. Что ж плакать? *(Пьет шампанское.)* Через шесть дней я опять в Париже. Завтра сядем в курьерский поезд и закатим, только нас и видели. Даже как-то не верится. Вив ла Франс!.. Здесь не по мне, не могу жить... ничего не поделаешь. Насмотрелся на невежество—будет с меня. *(Пьет шампанское.)* Что ж плакать? Ведите себя прилично, тогда не будете плакать.

Дуняша *(пудрится, глядясь в зеркальце)*. Пришлите из Парижа письмо. Ведь я вас любила, Яша, так любила! Я нежное существо, Яша!

Яша. Идут сюда. *(Хлопочет около чемоданов, тихо напевает.)*

(Входят Любовь Андреевна, Гаев, Аня и Шарлотта Ивановна.)

Гаев. Ехать бы нам. Уже немного осталось. *(Глядя на Яшу.)* От кого это селедкой пахнет?

Любовь Андреевна. Минут через десять давайте уже в экипажи садиться... *(Окидывает взглядом комнату.)* Прощай, милый дом, старый дедушка. Пройдет зима, настанет весна, а там тебя уже не будет, тебя сломают. Сколько видели эти стены! *(Целует горячо дочь.)* Сокровище мое, ты сияешь, твои глазки играют, как два алмаза. Ты довольна? Очень?

VARJA Perché allora non hanno preso anche la lettera per il dottore?

ANJA Gliela mandiamo subito... (*Esce*).

VARJA (*dalla camera accanto*) Dov'è Jaša? Ditegli che è venuta sua madre, lo vuole salutare.

JAŠA (*fa un gesto di stizza*) Sono proprio dei seccatori.

(*Dunjaša si è sempre affaccendata attorno ai bagagli; adesso che Jaša è rimasto solo, gli si avvicina*)

DUNJAŠA Almeno uno sguardo, Jaša. Lei se ne va... mi abbandona... (*Piange e gli si getta al collo*).

JAŠA Perché piangere? (*Beve lo champagne*). Fra sei giorni sono di nuovo a Parigi. Domani prendiamo il rapido e via, chi s'è visto s'è visto. Non mi par vero. Vive la France!... Qui non mi trovo, non posso vivere... non c'è niente da fare. Ne ho fin sopra i capelli, di questa barbarie. Basta! (*Beve lo champagne*). Perché piangere? Si comporti come si deve e allora non piangerà.

DUNJAŠA (*s'incipria, guardandosi nello specchietto*) Mi mandi una lettera da Parigi. Io l'ho amato, Jaša, l'ho amato tanto! Io sono una creatura delicata, Jaša!

JAŠA Viene gente. (*Si affaccenda intorno alle valige, canticchiando*).

(*Entrano Ljubov' Andreevna, Gaev, Anja e Charlotta Ivanovna*)

GAEV Bisognerebbe andare. Manca poco ormai. (*Guardando Jaša*). Da chi viene questa puzza d'aringa?

LJUBOV' ANDREEVNA Tra dieci minuti, per favore, tutti in carrozza... (*Abbraccia con lo sguardo la stanza*). Addio, mia casa, vecchietta mia. Passerà l'inverno, verrà la primavera, ma tu non ci sarai più, ti demoliranno. Quante cose hanno visto questi muri! (*Bacia con trasporto la figlia*). Tesoro mio, tu sei raggiante, gli occhi ti brillano come due diamanti. Sei contenta?

Аня. Очень! Начинается новая жизнь, мама!

Гаев (*весело*). В самом деле, теперь все хорошо. До продажи вишневого сада мы все волновались, страдали, а потом, когда вопрос был решен окончательно, бесповоротно, все успокоились, повеселели даже... Я банковский служака, теперь я финансист... желтого в середину, и ты, Люба, как-никак, выглядишь лучше, это несомненно.

Любовь Андреевна. Да. Нервы мои лучше, это правда. (*Ей подают шляпу и пальто.*) Я сплю хорошо. Выносите мои вещи, Яша. Пора (*Ане.*) Девочка моя, скоро мы увидимся... Я уезжаю в Париж, буду жить там на те деньги, которые прислала твоя ярославская бабушка на покупку имения — да здравствует бабушка! — а денег этих хватит не надолго.

Аня. Ты, мама, вернешься скоро, скоро... не правда ли? Я подготовлюсь, выдержу экзамен в гимназии и потом буду работать, тебе помогать. Мы, мама, будем вместе читать разные книги... Не правда ли? (*Целует матери руки.*) Мы будем читать в осенние вечера, прочтем много книг, и перед нами откроется новый, чудесный мир... (*Мечтает.*) Мама, приезжай...

Любовь Андреевна. Приеду, мое золото. (*Обнимает дочь.*)

(*Входит Лопахин. Шарлотта тихо напевает песенку.*)

Гаев. Счастливая Шарлотта: поет!

Шарлотта (*берет узел, похожий на свернутого ребенка*). Мой ребеночек, бай, бай... (*Слышится плач ребенка: уа, уа!..*) Замолчи, мой хороший, мой милый мальчик. (*Уа!.. уа!..*) Мне тебя так жалко! (*Бросает узел на место.*) Так вы, пожалуйста, найдите мне место. Я не могу так.

Лопахин. Найдем, Шарлотта Ивановна, не беспокойтесь.

Гаев. Все нас бросают, Варя уходит... мы стали вдруг не нужны.

ANJA Molto! Comincia una nuova vita, mamma!

GAEV (*in tono allegro*) Davvero, adesso tutto va bene. Prima che il giardino dei ciliegi fosse venduto, eravamo tutti agitati, tormentati, ma poi, quando le cose si sono risolte in modo definitivo e irrevocabile, tutti ci siamo calmati e siamo persino diventati allegri... Adesso sono impiegato di banca, un finanziere... Carambola! Anche tu, Ljuba, dì quello che vuoi, hai un'aria migliore, non c'è dubbio.

LJUBOV' ANDREEVNA Sì, coi miei nervi vado meglio, è vero. (*Le danno il cappello e il cappotto*). Dormo bene. Porti fuori le mie valige, Jaša. È ora. (*Ad Anja*). Bambina mia, ci rivedremo presto... Vado a Parigi, là vivrò coi soldi che la tua zia di Jaroslavl' ha mandato per comprare la tenuta – viva la zia! – ma questi soldi basteranno per poco.

ANJA Tu, mamma, torni presto... non è vero? Io mi preparerò, finirò il liceo e poi lavorerò, ti aiuterò. Leggeremo insieme vari libri... Non è vero? (*Bacia alla madre le mani*). Leggeremo nelle sere d'autunno, tanti tanti libri, e davanti a noi si aprirà un mondo nuovo, meraviglioso... (*Assume un'aria sognante*). Torna, mamma...

LJUBOV' ANDREEVNA Tornerò, tesoro mio. (*Abbraccia la figlia*).

(*Entra Lopachin. Charlotta canta sommessamente una canzoncina*)

GAEV Beata Charlotta: canta!

CHARLOTTA (*prende un fagotto simile a un bambino in fasce*) Fa' la nanna, bimbo mio... (*Si sente il pianto di un bambino: «Uè! uè!»*). Zitto, figliolino mio bello. (*«Uè! uè!»*). Mi fai tanta pena! (*Butta il fagotto dove l'aveva preso*). Dunque, per favore, trovatemi un posto. Non posso restare così.

LOPACHIN Glielo troveremo, Charlotta Ivanovna, non si preoccupi.

GAEV Tutti ci lasciano. Varja se ne va... di colpo siamo diventati inutili.

Шарлотта. В городе мне жить негде. Надо уходить... *(Напевает.)* Все равно...

(Входит Пищик.)

Лопахин. Чудо природы!..

Пищик *(запыхавшись)*. Ой, дайте отдышаться... замучился... Мои почтеннейшие... Воды дайте...

Гаев. За деньгами, небось? Слуга покорный, ухожу от греха... *(Уходит.)*

Пищик. Давненько не был у вас... прекраснейшая... *(Лопахину.)* Ты здесь... рад тебя видеть... громаднейшего ума человек... возьми... получи... *(Подает Лопахину деньги.)* Четыреста рублей... за мной остается восемьсот сорок...

Лопахин *(в недоумении пожимает плечами)*. Точно во сне... Ты где же взял?

Пищик. Постой... Жарко... Событие необычайнейшее. Приехали ко мне англичане и нашли в земле какую-то белую глину... *(Любови Андреевне.)* И вам четыреста... прекрасная, удивительная... *(Подает деньги.)* Остальные потом. *(Пьет воду.)* Сейчас один молодой человек рассказывал в вагоне, будто какой-то... великий философ советует прыгать с крыш... «Прыгай!»—говорит, и в этом вся задача. *(Удивленно.)* Вы подумайте! Воды!..

Лопахин. Какие же это англичане?

Пищик. Сдал им участок с глиной на 24 года... А теперь, извините, некогда... надо скакать дальше... Поеду к Знойкову... к Кардамонову... Всем должен... *(Пьет.)* Желаю здравствовать... В четверг заеду...

Любовь Андреевна. Мы сейчас переезжаем в город, а завтра я за границу...

Пищик. Как? *(Встревоженно.)* Почему в город? То-то я гляжу на мебель... чемоданы... Ну, ничего... *(Сквозь слезы.)* Ничего... Величайшего ума люди... эти

CHARLOTTA In città non saprei dove stare. Devo andare via... (*Canticchia*). Fa lo stesso...

(*Entra Piščik*)

LOPACHIN Prodigio della natura!..

PIŠČIK (*ansimante*) Fatemi riprender fiato... non ne posso più... Illustrissimi... Un po' d'acqua...

GAEV Di nuovo in cerca di quattrini? Grazie tante, io scompaio... (*Esce*).

PIŠČIK È un bel po' che non vengo a casa sua... incantevole Ljubov' Andreevna... (*A Lopachin*). Ah, sei qui... lieto di vederti... uomo geniale... prendi... tieni... (*dà a Lopachin dei soldi*). Quattrocento rubli... te ne devo ancora quattrocentoquaranta...

LOPACHIN (*si stringe nelle spalle, perplesso*) Mi sembra di sognare... Dove li hai presi?

PIŠČIK Aspetta... Muoio dal caldo... Un avvenimento più che straordinario. Sono venuti da me degli inglesi e hanno trovato nella terra una certa argilla bianca... (*A Ljubov' Andreevna*). Anche a lei quattrocento... mia splendida e meravigliosa... (*Le dà i soldi*). Gli altri più tardi. (*Beve dell'acqua*). Poco fa in treno un giovanotto raccontava che... un grande filosofo consiglia di saltar giù dai tetti... «Salta» dice, e il problema è tutto qui. (*Stupito*). Ma pensa! Datemi dell'acqua!..

LOPACHIN Ma di quali inglesi stai parlando?

PIŠČIK Ho affittato loro un terreno con l'argilla per ventiquattro anni... Ma adesso, scusate, non ho tempo... devo fare ancora un giro... Vado da Znojkov... da Kardamonov... A tutti devo qualcosa... (*Beve*). Statevi bene... Ripasso giovedì...

LJUBOV' ANDREEVNA Adesso andiamo in città e domani io vado all'estero...

PIŠČIK Come? (*Allarmato*). Perché in città? Adesso capisco perché questi mobili... queste valige... Fa niente... (*Trattenendo le lacrime*). Niente... Gente geniale, questi

англичане... Ничего... Будьте счастливы... Бог поможет вам... Ничего... Всему на этом свете бывает конец... *(Целует руку Любови Андреевне.)* А дойдет до вас слух, что мне конец пришел, вспомните вот эту самую... лошадь и скажите: «был на свете такой, сякой... Симеонов-Пищик... царство ему небесное»... Замечательнейшая погода... Да... *(Уходит в сильном смущении, но тотчас же возвращается и говорит в дверях.)* Кланялась вам Дашенька! *(Уходит.)*

Любовь Андреевна. Теперь можно и ехать. Уезжаю я с двумя заботами. Первая — это больной Фирс. *(Взглянув на часы.)* Еще минут пять можно...

Аня. Мама, Фирса уже отправили в больницу. Яша отправил утром.

Любовь Андреевна. Вторая моя печаль — Варя. Она привыкла рано вставать и работать, и теперь без труда она, как рыба без воды. Похудела, побледнела и плачет бедняжка... *(Пауза.)* Вы это очень хорошо знаете, Ермолай Алексеич; я мечтала... выдать ее за вас, да и по всему видно было, что вы женитесь. *(Шепчет Ане, та кивает Шарлотте, и обе уходят.)* Она вас любит, вам она по душе, и не знаю, не знаю, почему это вы точно сторонитесь друг друга. Не понимаю!

Лопахин. Я сам тоже не понимаю, признаться. Как-то странно все... Если есть еще время, то я хоть сейчас готов... Покончим сразу — и баста, а без вас я, чувствую, не сделаю предложения.

Любовь Андреевна. И превосходно. Ведь одна минута нужна, только. Я ее сейчас позову...

Лопахин. Кстати и шампанское есть. *(Поглядев на стаканчики.)* Пустые, кто-то уже выпил. *(Яша кашляет.)* Это называется вылакать...

Любовь Андреевна *(оживленно)*. Прекрасно. Мы выйдем... Яша, allez! Я ее позову... *(В дверь.)* Варя, оставь все, поди сюда. Иди! *(Уходит с Яшей.)*

Лопахин *(поглядев на часы)*. Да... *(Пауза.)*

inglesi... Niente. Siate felici... Che Dio vi aiuti... Niente... Tutto a questo mondo ha una fine... (*Bacia la mano a Ljubov' Andreevna*). E se sentirà dire che non ci sono più, ricordi questo... cavallo e dica: «C'era una volta un tipo... un certo Simeonov-Piščik... pace all'anima sua»... Che tempo splendido... Già... (*Esce in uno stato di grande imbarazzo, ma subito torna indietro e parla sulla soglia della porta*). Dašen'ka vi manda i suoi saluti! (*Se ne va*).

LJUBOV' ANDREEVNA Adesso possiamo anche andare. Parto con due crucci. Il primo è Firs, che è malato. (*Guarda l'orologio*). Ci sono ancora cinque minuti...

ANJA Mamma, Firs è già all'ospedale. L'ha mandato Jaša stamattina.

LJUBOV' ANDREEVNA L'altro mio pensiero è Varja. Lei è abituata ad alzarsi presto e a lavorare, e adesso, senza niente da fare, è come un pesce fuor d'acqua. È diventata magra, pallida e piange, poverina... (*Pausa*). Lei lo sa benissimo, Ermolaj Alekseevič; io sognavo... di dargliela in moglie, e tutto lasciava credere che lei l'avrebbe sposata. (*Sussurra qualcosa ad Anja, questa fa un cenno a Charlotta, ed entrambe escono*). Varja le vuole bene, a lei Varja non dispiace, e non so perché quasi vi evitiate a vicenda. Non capisco!

LOPACHIN A dire la verità, neppure io lo capisco. È tutto così strano... Se c'è ancora del tempo, sono pronto anche adesso... La facciamo subito finita e non se ne parla più, ma senza di lei sento che non farei la dichiarazione.

LJUBOV' ANDREEVNA Magnifico. Basta un minuto soltanto. Ora la chiamo...

LOPACHIN A proposito, c'è anche lo champagne. (*Guarda i bicchieri*). Vuoti, qualcuno ha già bevuto. (*Jaša tossisce*). Questo si chiama fare la spugna...

LJUBOV' ANDREEVNA (*con animazione*) Benissimo. Noi usciamo... Jaša, allez! Adesso la chiamo... (*In direzione della porta*). Varja, lascia tutto, vieni qui. Vieni! (*Esce con Jaša*).

LOPACHIN (*dopo aver guardato l'orologio*) Già... (*Pausa*).

(За дверью сдержанный смех, шопот, наконец, входит Варя.)

Варя *(долго осматривает вещи)*. Странно, никак не найду...

Лопахин. Что вы ищете?

Варя. Сама уложила и не помню. *(Пауза.)*

Лопахин. Вы куда же теперь, Варвара Михайловна?

Варя. Я? К Рагулиным... Договорилась к ним смотреть за хозяйством... в экономки, что ли.

Лопахин. Это в Яшнево? Верст 70 будет. *(Пауза.)* Вот и кончилась жизнь в этом доме...

Варя *(оглядывая вещи)*. Где же это... Или, может, я в сундук уложила... Да, жизнь в этом доме кончилась... больше уже не будет...

Лопахин. А я в Харьков уезжаю сейчас... вот с этим поездом. Дела много. А тут во дворе оставляю Епиходова... Я его нанял.

Варя. Что ж!

Лопахин. В прошлом году об эту пору уже снег шел, если припомните, а теперь тихо, солнечно. Только что вот холодно... Градуса три мороза.

Варя. Я не поглядела. *(Пауза.)* Да и разбит у нас градусник... *(Пауза.)*

Голос в дверь со двора. Ермолай Алексеич!..

Лопахин *(точно давно ждал этого зова)*. Сию минуту! *(Быстро уходит.)*

(Варя, сидя на полу, положив голову на узел с платьем, тихо рыдает. Отворяется дверь, осторожно входит Любовь Андреевна.)

Любовь Андреевна. Что? *(Пауза.)* Надо ехать.

Варя *(уже не плачет, вытерла глаза)*. Да, пора, мамочка. Я к Рагулиным поспею сегодня, не опоздать бы только к поезду...

Любовь Андреевна *(в дверь)*. Аня, одевайся!

(*Dietro la porta un riso soffocato, un sussurro. Infine entra Varja*)

VARJA (*esamina a lungo il bagaglio*) Strano, non lo trovo più...

LOPACHIN Cerca qualcosa?

VARJA Ho fatto io le valige e non mi ricordo. (*Pausa*).

LOPACHIN Dove andrà adesso, Varvara Michajlovna?

VARJA Io? Dai Ragulin... Ci siamo messi d'accordo che amministrerò la loro casa... come economa, no?

LOPACHIN A Jašnevo? Saranno settanta chilometri da qui. (*Pausa*). Dunque, la vita in questa casa è finita...

VARJA (*osservando i bagagli*) Ma dove sarà mai... O forse l'ho messo nel baule... Sì, la vita in questa casa è finita... e non ci sarà più...

LOPACHIN Io invece vado a Char'kov... con questo treno. Ho tante cose da fare. E qui a guardare i lavori lascio Epichodov... Adesso è alle mie dipendenze.

VARJA Contento lei!

LOPACHIN L'anno scorso in questo periodo nevicava già, se si ricorda, adesso invece c'è il sole ed è sereno. Solo che fa freddo... Ci saranno tre gradi sotto zero.

VARJA Non ho guardato. (*Pausa*). E poi, il nostro termometro è rotto... (*Pausa*).

VOCE DALL'ESTERNO Ermolaj Alekseevič!

LOPACHIN (*come se da tempo aspettasse questa chiamata*). Eccomi! (*Esce in fretta*).

(*Varja, seduta per terra, con la testa appoggiata su un fagotto di vestiti, singhiozza sommessamente. Si apre la porta, cautamente entra Ljubov' Andreevna*)

LJUBOV' ANDREEVNA Allora? (*Pausa*). Bisogna andare.

VARJA (*non piange più, si è asciugata gli occhi*) Sì, è ora, mamma. Dai Ragulin faccio in tempo ad andare oggi, basta che non perda il treno...

LJUBOV' ANDREEVNA (*in direzione della porta*) Anja, vestiti!

(Входят Аня, потом Гаев, Шарлотта Ивановна. На Гаеве теплое пальто с башлыком. Сходится прислуга, извозчики. Около вещей хлопочет Епиходов.)

Любовь Андреевна. Теперь можно и в дорогу.

Аня *(радостно)*. В дорогу!

Гаев. Друзья мои, милые, дорогие друзья мои! Покидая этот дом навсегда, могу ли я умолчать, могу ли удержаться, чтобы не высказать на прощанье те чувства, которые наполняют теперь все мое существо...

Аня *(умоляюще)*. Дядя!

Варя. Дядечка, не нужно!

Гаев *(уныло)*. Дуплетом желтого в середину... Молчу...

(Входит Трофимов, потом Лопахин.)

Трофимов. Что же, господа, пора ехать!

Лопахин. Епиходов, мое пальто!

Любовь Андреевна. Я посижу еще одну минутку. Точно раньше я никогда не видела, какие в этом доме стены, какие потолки, и теперь я гляжу на них с жадностью, с такой нежной любовью...

Гаев. Помню, когда мне было шесть лет, в Троицын день я сидел на этом окне и смотрел, как мой отец шел в церковь...

Любовь Андреевна. Все вещи забрали?

Лопахин. Кажется, всё. *(Епиходову, надевая пальто.)* Ты же, Епиходов, смотри, чтобы все было в порядке.

Епиходов *(говорит сиплым голосом)*. Будьте покойны, Ермолай Алексеич!

Лопахин. Что это у тебя голос такой?

Епиходов. Сейчас воду пил, что-то проглотил.

Яша *(с презрением)*. Невежество...

Любовь Андреевна. Уедем — и здесь не останется ни души...

(*Entrano Anja, poi Gaev e Charlotta Ivanovna. Gaev indossa un cappotto pesante con cappuccio. Arrivano i domestici, i cocchieri. Accanto al bagaglio si dà da fare Epichodov*)

LJUBOV' ANDREEVNA Adesso ci si può anche mettere in cammino.

ANJA (*con gioia*) In cammino!

GAEV Amici miei cari, amici miei diletti! Nel lasciare per sempre questa casa, posso io tacere, posso trattenermi dall'esprimere a mo' di congedo i sentimenti che in questo momento ricolmano tutto l'essere mio...

ANJA (*supplichevole*) Zio!

VARJA Non si deve, zio!

GAEV (*avvilito*) Carambola... Sto zitto...

(*Entra Trofimov, poi Lopachin*)

TROFIMOV Dunque, signori, si parte!

LOPACHIN Epichodov, il mio cappotto!

LJUBOV' ANDREEVNA Voglio restare ancora un minuto. È come se non avessi mai visto prima come sono le pareti di questa casa o i soffitti, e adesso li guardo con avidità, con tanta tenerezza...

GAEV Ricordo, quando avevo sei anni, il giorno di Pentecoste me ne stavo seduto a questa finestra e guardavo mio padre che andava in chiesa...

LJUBOV' ANDREEVNA Avete preso tutti i bagagli?

LOPACHIN Pare di sì. (*A Epichodov, infilando il cappotto*). E tu, Epichodov, bada che tutto sia in ordine.

EPICHODOV (*parla con voce roca*) Sta' tranquillo, Ermolaj Alekseevič!

LOPACHIN Ma che voce hai?

EPICHODOV Adesso ho bevuto un po' d'acqua e m'è andato giù qualcosa.

JAŠA (*con disprezzo*) Che ignoranza...

LJUBOV' ANDREEVNA Ce ne andremo e qui non resterà nessuno...

Лопахин. До самой весны.

Варя (*выдергивает из узла зонтик, похоже, как будто она замахнулась; Лопахин делает вид, что испугался*). Что вы, что вы... Я и не думала.

Трофимов. Господа, идемте садиться в экипажи... Уже пора! Сейчас поезд придет!

Варя. Петя, вот они, ваши калоши, возле чемодана. (*Со слезами.*) И какие они у вас грязные, старые...

Трофимов (*надевая калоши*). Идем, господа!..

Гаев (*сильно смущен, боится заплакать*). Поезд... станция... Круазе в середину, белого дуплетом в угол...

Любовь Андреевна. Идем!

Лопахин. Все здесь? Никого там нет? (*Запирает боковую дверь налево.*) Здесь вещи сложены, надо запереть. Идем!..

Аня. Прощай, дом! Прощай, старая жизнь!

Трофимов. Здравствуй, новая жизнь!.. (*Уходит с Аней.*)

(*Варя окидывает взглядом комнату и не спеша уходит. Уходят Яша и Шарлотта с собачкой.*)

Лопахин. Значит, до весны. Выходите, господа... До свиданция!.. (*Уходит.*)

(*Любовь Андреевна и Гаев остались вдвоем. Они точно ждали этого, бросаются на шею друг другу и рыдают сдержанно, тихо, боясь, чтобы их не услышали.*)

Гаев (*в отчаянии*). Сестра моя, сестра моя...

Любовь Андреевна. О мой милый, мой нежный, прекрасный сад!.. Моя жизнь, моя молодость, счастье мое, прощай!.. Прощай!..

Голос Ани (*весело, призывающе*). Мама!..

Голос Трофимова (*весело, возбужденно*). Ау!..

LOPACHIN Fino a primavera.

VARJA (*tira fuori da un fagotto un ombrello, come se facesse il gesto di colpire qualcuno; Lopachin fa finta di essersi spaventato*) Ma no, ma no... Non avevo nessuna intenzione.

TROFIMOV Signori, in carrozza... È ora ormai! Tra poco arriva il treno!

VARJA Petja, eccole, le sue calosce, vicino alla valigia. (*Trattenendo le lacrime*). Ma come sono sporche, vecchie...

TROFIMOV (*infilandosi le calosce*) Andiamo, signori!..

GAEV (*profondamente commosso, teme di scoppiare in lacrime*) Il treno... la stazione... Croisé al centro, doppio giro a carambola...

LJUBOV' ANDREEVNA Andiamo!

LOPACHIN Ci siamo tutti? Non è rimasto nessuno là? (*Chiude la porta laterale a sinistra*). Qui c'è della roba, bisogna chiudere. Andiamo!..

ANJA Addio, casa! Addio, vecchia vita!

TROFIMOV Salve, vita nuova! (*Esce con Anja*).

(*Varja abbraccia con lo sguardo la camera e esce senza fretta. Escono Jaša e Charlotta con il cagnolino*)

LOPACHIN Dunque, a primavera. Prego, signori... Arrivedermici!.. (*Esce*).

(*Ljubov' Andreevna e Gaev sono rimasti soli. E, come se avessero atteso questo momento, si gettano l'uno al collo dell'altro e singhiozzano in tono contenuto, sommesso, temendo di essere sentiti*)

GAEV (*disperato*) Sorella mia, sorella mia...

LJUBOV' ANDREEVNA O mio caro, mio dolce, mio splendido giardino!.. Vita mia, giovinezza mia, mia felicità, addio!.. Addio!..

LA VOCE DI ANJA (*in tono allegro, invitante*) Mamma!..

LA VOCE DI TROFIMOV (*in tono allegro, eccitato*) Oooh!..

Любовь Андреевна. В последний раз взглянуть на стены, на окна... По этой комнате любила ходить покойная мать...

Гаев. Сестра моя, сестра моя!..

Голос Ани. Мама!..

Голос Трофимова. Ау!..

Любовь Андреевна. Мы идем!.. *(Уходят.)*

(Сцена пуста. Слышно, как на ключ запирают все двери, как потом отъезжают экипажи. Становится тихо. Среди тишины раздается глухой стук топора по дереву, звучащий одиноко и грустно.)

(Слышатся шаги. Из двери, что направо, показывается Фирс. Он одет, как всегда, в пиджаке и белой жилетке, на ногах туфли. Он болен.)

Фирс *(подходит к двери, трогает за ручку)*. Заперто. Уехали... *(Садится на диван.)* Про меня забыли... Ничего... я тут посижу... А Леонид Андреич, небось, шубы не надел, в пальто поехал... *(Озабоченно вздыхает.)* Я-то не поглядел... Молодо-зелено! *(Бормочет что-то, чего понять нельзя.)* Жизнь-то прошла, словно и не жил... *(Ложится.)* Я полежу... Силушки-то у тебя нету, ничего не осталось, ничего... Эх, ты... недотепа!.. *(Лежит неподвижно.)*

(Слышится отдаленный звук, точно с неба, звук лопнувшей струны, замирающий, печальный. Наступает тишина, и только слышно, как далеко в саду топором стучат по дереву.)

Занавес

LJUBOV' ANDREEVNA Un ultimo sguardo alle pareti, alle finestre... In questa camera amava tanto girare la povera mamma...

GAEV Sorella mia, sorella mia!..

LA VOCE DI ANJA Mamma!..

LA VOCE DI TROFIMOV Oooh!..

LJUBOV' ANDREEVNA Arriviamo! (*Escono*).

(*La scena resta vuota. Si sente che chiudono a chiave tutte le porte e che poi partono le carrozze. Scende il silenzio. In mezzo al silenzio echeggia il suono sordo della scure che si abbatte su un albero, un suono solitario e mesto*)

(*Si sentono dei passi. Sulla porta di destra compare Firs. È vestito, come sempre, in giacca e gilet bianco, ai piedi ha le pantofole. È malato*)

FIRS (*si avvicina alla porta, gira la maniglia*) È chiusa. Sono partiti... (*Si siede sul divano*). Di me si sono dimenticati... Non fa niente... io mi metto qui... Di sicuro Leonid Andreevič non si è messo la pelliccia, se n'è andato in paltò... (*Sospira con aria preoccupata*). Che testa ho mai... Ah, questa gioventù! (*Borbotta qualcosa di incomprensibile*). La vita è passata, come se non fossi vissuto... (*Si sdraia*). Mi metto un po' giù... Non hai più forze, caro mio, non ti è rimasto nulla, nulla... Che tonto sei!.. (*Resta immobile*).

(*Si sente un suono lontano, quasi provenisse dal cielo, il suono di una corda musicale che si è spezzata, un suono triste che si va smorzando. Scende il silenzio, e si sente soltanto, in lontananza, nel giardino, una scure che si abbatte su un albero*)

Sipario

COMMENTO

PRIMO ATTO

Protagonista dell'ultima opera drammatica di Čechov non è soltanto il giardino dei ciliegi, ma anche la casa dei suoi proprietari, che costituisce la scena del primo atto. In una lettera a Stanislavskij (5 novembre 1903) Čechov così chiarisce l'aspetto e il tono di questa casa: «La casa [...] è spaziosa, a due piani. Nel terzo atto, infatti, si dice che c'è una scala che scende. [...] La casa deve essere spaziosa, imponente; che sia di legno [...] o di pietra non importa. È molto vecchia e grande, case così non vengono prese in affitto dai villeggianti; case come questa di solito vengono demolite e il materiale va alla costruzione di villette. Il mobilio è antico, in stile, imponente; la rovina e l'indebitamento non hanno influito sull'arredo. Quando si acquista una casa così, si fa questo ragionamento: costa meno ed è più facile costruire una casa nuova più piccola che non riparare una vecchia».

Della casa qui è presente quella che «continua ad essere chiamata camera dei bambini», cioè il luogo in cui simbolicamente si condensa il passato di tutti i suoi abitatori, in particolare della Ranevskaja, la quale, prima ancora di

entrare in scena, è evocata nel ricordo di Lopachin, il primo a prendere la parola.

Attraverso le parole di Lopachin, fin dalle prime battute, afferma la sua presenza il tempo, sotto due modalità: è il tempo dell'orologio, il tempo pratico, calcolabile, cui Lopachin è sempre attento, come si conviene a un uomo operoso, un tempo che nella battuta d'inizio è legato al ritardo del treno; ma è anche un tempo, per così dire, incalcolabile, il tempo esistenziale che rivive nella memoria, come lo fa rivivere Lopachin, ricordando la giovanissima Ljubov' Andreevna Ranevskaja che, quando lui, bambino, era stato picchiato dal padre, gli lavò la parte colpita proprio lì, nella camera dei bambini. Questa seconda modalità del tempo, a differenza della prima, non è meccanica, ma organica e comporta trasformazioni d'ordine qualitativo. Lopachin è, nel *Giardino dei ciliegi*, il primo esempio di questa metamorfosi operata dal tempo esistenziale: da ragazzino di campagna povero e umiliato è diventato un uomo solido e ricco, «in gilet bianco e scarpe gialle», come sottolinea Čechov quasi a voler dimostrare anche visivamente lo status sociale di Lopachin. Ma non è soltanto con questi attributi esteriori che Lopachin si caratterizza: è attraverso le parole, e il comportamento, che si manifesta la sua natura complessa e sottile, la sua mancanza di boria e di volgarità, anche se alla fine, quando senza premeditazione diventerà padrone del giardino, il suo orgoglio non può mancare di esternarsi. Fin dalle prime battute Lopachin dimostra la sua *intelligentnost'*, come dice Čechov in una lettera, cioè non solo la sua delicatezza, ma anche quella qualità che è propria dell'*intelligent*: l'autoriflessione, il senso del limite. Per questo ogni sua parola suona come una caratteristica della sua natura e la traduzione del suo discorso richiede una particolare cura. Si richiama l'attenzione su certe sue scherzose storpiature come «dosvidancija» invece del normale «dosvinan'ica» che abbiamo reso con «arrivedermici». Nel secondo atto Lopachin invece di «Ofelia» dirà «Orfelia».

Se il tempo ha trasformato Lopachin, ancora più intensa è stata la sua azione sulla Ranevskaja, che, evocata da Lopachin nella sua adolescenza, quando entrerà in scena, donna matura ormai al tramonto, manifesta però quelle qualità d'animo lievi e gentili con cui il ricordo di Lopachin l'ha presentata in anticipo. E con la Ranevskaja entra in scena tutto il suo mondo, il mondo della felice primavera della sua vita e ora del mesto suo autunno. Tutto si muove in un vitale disordine, ruotando intorno a un passato che ritorna nel presente come un'eco inestinguibile, con una incessante sovrapposizione di tempi esistenziali, mentre il tempo pratico, cui solo Lopachin è sensibile, il tempo della messa all'asta del giardino scorre con fatale implacabilità verso un futuro di rovina, verso il gelido inverno della Ranevskaja e del suo mondo delicato e spettrale.

SECONDO ATTO

L'azione esce dalla casa e si porta all'aperto, avvicinandosi al giardino dei ciliegi. In una lettera a Stanislavskij (23 novembre 1903) Čechov dà queste spiegazioni utili per rendere l'atmosfera da lui voluta: «La fienagione di solito avviene il 20-25 giugno, in questo periodo il re di quaglie, mi pare, non grida più e anche le rane stanno ormai zitte. Si sente soltanto il verso del rigogolo. Non c'è un cimitero, ma *c'è stato* molto tempo addietro. Due o tre lapidi che giacciono in disordine, ecco tutto ciò che è rimasto. Il ponte va benissimo. Se si può mostrare il treno senza rumore, senza un minimo suono, faccia pure». In queste osservazioni non si trova soltanto un riferimento alla tendenza di Stanislavskij a riprodurre la fonicità della natura, tendenza che Čechov cerca qui di contenere e di precisare: oltre ai momenti fonici nelle osservazioni di Čechov c'è anche una nota visiva; il cimitero non è una realtà, ma un relitto, una presenza appena accennata che conferisce alla scena il senso di un passato ormai morto come sfondo della comme-

dia della vita. Gli elementi comici sono particolarmente forti in questo atto, che si apre, oltre che con la riflessione della bizzarra Charlotta, con il canto e la chitarra di Epichodov che intona l'inizio di una romanza strappalacrime a quel tempo assai popolare. Comico è lo stesso Epichodov, col suo eloquio sconclusionato e pretenzioso e con la menzione a sproposito che egli fa di Buckle, storico positivista inglese assai popolare negli ambienti progressisti russi della seconda metà dello scorso secolo. Volutamente comica è Charlotta con le sue clownerie, i suoi illusionismi, i suoi travestimenti; ma quanta tristezza c'è anche in questa sua comicità, come in quella di tutti i personaggi čechoviani! Comica è, infine, la tirata di Trofimov, nelle cui parole sull'orgogliosa umanità riecheggia in forma polemica e parodica la celebre frase di Satin nel *Na dne* (I bassifondi) di Gor'kij: «Uo-mo! Che magnifica parola! Quanto orgoglio risuona in essa!». Non è questa l'unica reminiscenza letteraria del secondo atto.

Il Passante che compare davanti a Gaev e alla Ranevskaja, quasi a prefigurare il loro futuro di indigenza, e chiede loro l'elemosina, ricevendo da Ljubov' Andreevna un generoso obolo, quando dice «Fratello mio, fratello mio sofferente...» cita in modo impreciso l'inizio di una poesia di Nadson, popolare poeta dell'epoca. Subito dopo il Passante cita un verso della poesia di Nekrasov *Riflessioni fatte accanto all'ingresso principale* (Razmyšlenija u paradnogo pod'ezda), il che conferisce alla spettrale e marginale comparsa del Passante un carattere ancor più patetico e inquietante, quasi a dimostrare che si tratta di una persona decaduta di un certo livello di cultura.

La figura letteraria maggiore resta, naturalmente, quella di Trofimov, che si associa non soltanto al magniloquente umanismo letterario di Gor'kij, così lontano dalla sobria e antiretorica attenzione di Čechov per l'uomo reale e concreto: Trofimov appartiene a una genealogia di personaggi letterari russi, nei quali si sono incarnati gli ideali del progresso sociale e di un futuro radioso. Basta pensare ai

romanzi di Turgenev e, in particolare, a *Padri e figli* e al loro protagonista Bazarov. La critica sovietica del periodo staliniano tendeva ad eroicizzare Trofimov come portatore di un mondo nuovo opposto sia a quello ormai finito della Ranevskaja, sia a quello destinato a finire di Lopachin. La posizione di Čechov, naturalmente, è ben diversa da questa tendenziosa semplificazione. Ma Čechov non cade neppure nella posizione opposta all'eroicizzazione e non fa una caricatura del giovane progressista. Il Trofimov čechoviano è una figura disegnata con ironia, senza malevolenza, ma con lucidità: è un inconcludente, anche se schietto chiacchierone, la cui retorica riesce a conquistare soltanto Anja, nella quale estirpa l'amore per l'aristocratico giardino dei ciliegi e instilla invece l'amore per la futura felicità universale. In Lopachin, l'uomo pratico che calcola ogni minuto e che invano cerca di far capire alla Ranevskaja e a Gaev la necessità di prendere una decisione per salvare ciò che ancora può essere salvato della loro fortuna economica, c'è molta più sensibilità che nel lineare Trofimov, più senso dell'umanità e persino più poesia, oltre che, evidentemente, quello spirito pratico di cui il parolaio Trofimov è privo. Čechov non poteva pensare che i Trofimov avrebbero schiacciato i Lopachin e che il «nostro giardino», cioè la Russia, sarebbe finito nelle mani di una loro variante, simile piuttosto ai «demoni» dostoevskiani.

TERZO ATTO

In questo atto, nel corso del quale si consuma la catastrofe della vendita del giardino, la scena ritorna nella casa, nel salotto che un arco divide dalla sala. Qui giungono i suoni dell'orchestra ebrea e nelle conversazioni, che, come sempre nelle opere teatrali di Čechov, intrecciano gli argomenti più casuali con quelli più decisivi, irrompono frammenti di testi letterari di diverso genere: come la declamazione, da parte del capostazione, dell'inizio del poema di

Aleksej K. Tolstoj *Grešnica* (La peccatrice) che rielabora motivi evangelici, immaginando una giovane dedita ai piaceri e convertita dal nuovo spirito cristiano. Di quest'opera che allora godeva di larga popolarità ed entrava nel repertorio delle serate letterarie, si dà qui l'inizio: «Folla festante, allegria, risate / suon di liuti, di cembali fragore, / tutto all'intorno è verdeggiante e in fiore; / tra le colonne all'ingresso alzate, / di pesante broccato i cortinaggi / da rabescati nastri son sorretti; / le stanze son sontuose come regge, / ovunque d'oro e di cristallo oggetti; / di cocchi e cavalli la corte è piena; / stretto dietro una tavola imbandita, / d'ospiti banchetta un rumoroso coro / e, con la musica fondendosi, ardita / e franca s'incrocia la parola loro»; e l'inizio («Capirai il tormento dell'anima mia...») di una nota romanza di N.S. Rževskaja.

Il tono e il senso di questo atto è stato colto con grande precisione da Mejerchol'd nel suo saggio del 1906 *Naturalističeskij teatr i teatr nastroenija* (Il teatro naturalistico e il teatro degli stati d'animo), entrato poi nel suo libro *O teatre* (Sul teatro) del 1913: «Il leitmotiv di questo atto è il presentimento che la Ranevskaja ha della tempesta incombente (la vendita del giardino dei ciliegi). Tutto intorno la gente vive con una certa ottusità: soddisfatti, ballano al monotono strimpellio di un'orchestra ebrea e, come in un turbine spettrale, ruotano in una noiosa danza moderna, in cui non c'è entusiasmo, né eccitazione, né grazia e neppure... lascivia: non sanno che la terra su cui danzano scivola via sotto i loro piedi. Soltanto la Ranevskaja prevede la sventura e l'aspetta, colma di agitazione, e per un istante ferma la ruota che gira, quella danza orrenda di marionette nel loro teatrino [...]. Si crea la seguente armonia dell'atto: i gemiti della Ranevskaja col suo presentimento della Sventura incombente (principio fatale del nuovo dramma mistico di Čechov), da una parte, e il teatrino delle marionette, dall'altro (non per nulla Čechov fa ballare tra "piccoli borghesi" Charlotta in frac nero e pantaloni a scacchi, vestito preferito nel teatro delle marionette). Se si traduce

ciò in linguaggio musicale, questa è una delle parti della sinfonia. Contiene in sé: la struggente *melodia principale* con mutevoli stati d'animo nel pianissimo e nelle esplosioni in forte (le emozioni della Ranevskaja) e lo *sfondo*, l'accompagnamento dissonante, lo strimpellio monotono dell'orchestrina di provincia e la danza dei cadaveri viventi (i piccoli borghesi). Ecco l'armonia musicale di questo atto».

Questa lettura registica che Mejerchol'd fa del *Giardino dei ciliegi* e, in particolare, del suo terzo atto è diversa sia dal dramma realistico che vi vedeva Stanislavskij, sia della commedia ironica che Čechov aveva in animo di scrivere. A iniziare l'interpretazione del *Giardino* in chiave di tragicommedia metafisica fu Andrej Belyj che nel 1904, sulla rivista «Vesy» (La bilancia), lesse quest'opera alla luce di una sensibilità simbolistico-musicale. In particolare sul terzo atto Belyj scrisse: «Nel terzo atto del *Giardino dei ciliegi* sembrano cristallizzati i procedimenti di Čechov: nella stanza sull'avanscena si svolge un dramma famigliare, mentre nella stanza sullo sfondo, illuminata dalle candele, danzano sfrenatamente le maschere dell'orrore: il funzionario delle poste che fa un giro di valzer con una ragazza non è uno spaventapasseri? Forse è un bastone sul quale è stata infilata una maschera o un attaccapanni sul quale è appesa un'uniforme. E il capostazione? Di dove vengono costoro? E perché sono lì? Sono l'incarnazione del caos fatale. Ballano, smancerosi, quando si è compiuta la sventura famigliare [...]. Čechov, restando un realista, sposta qui le pieghe della vita e, quelle che di lontano sembravano pieghe d'ombra, si rivelano un varco verso l'Eternità».

Queste due interpretazioni del terzo atto e dell'intera opera čechoviana, così affini tra loro, aprono una prospettiva feconda che, senza negare l'elemento di commedia del *Giardino*, gli conferiscono un significato metafisico, in cui farsa e tragedia si mescolano.

La struttura circolare del *Giardino* ci riporta alla scena del primo atto: non solo a quella «che continua ad essere chiamata camera dei bambini» e che ormai è destinata a una definitiva fine, ma anche al movimento del treno, un movimento qui in senso inverso, non più di arrivo, ma di partenza. Ormai il destino di tutti è stato giocato e, in fondo, tutti hanno perso, anche Lopachin che è diventato sì padrone del giardino, ma non ha saputo chiarire il suo rapporto con Varja e resterà anch'egli per sempre senza il giardino *višnëvyj*, il giardino incantato di un felice tempo irrecuperabile. Neppure Trofimov esce vincitore, anche se parte con la fanciulla amata verso un futuro che è troppo irreale per promettere una pienezza di vita autentica. Quanto alla Ranevskaja, è troppo lacerante la sua sconfitta, con quel ritorno dall'amante parigino che le toglierà gli ultimi soldi e l'ultima felicità. Ed è forse un vincitore Gaev, il cui posto in banca è tanto aleatorio quanto lo è stata la sua vita e nella cui figura l'interiore eleganza del tempo andato è come un'eco ormai spenta, velata da un'autoironica e melanconica stramberia? I veri vincitori sono due: uno è quel tapino di Piščik che, grazie a un fantastico contratto con degli inglesi, ha trovato il denaro di cui aveva un folle bisogno e così risolve tutti i suoi problemi; l'altro è Jaša, il servitore impudente e gaglioffo che può tornare a Parigi, lasciando la provincia russa, così insopportabile per la sua grossolana vacuità, ormai toccata però dalla civiltà europea. Due personaggi minori, uno simpatico, l'altro odioso, sono felici e contenti, mentre la sventura, come dicono Belyj e Mejerchol'd, stende la sua nera ala su tutta una microcomunità di anime. E poi c'è Firs, l'altro servitore, così diverso da Jaša, il simbolo della bella vita passata, che muore solo nella casa deserta, mentre i padroni lo credono ricoverato in ospedale. Protagonisti di questo quarto atto sono la camera «che continua ad essere chiamata camera dei bambini», la casa «spaziosa, imponente», il giardino ormai autunnale,

Firs morente e quel suono misterioso di una corda che si spezza in lontananza. Protagonista del quarto atto è il vuoto, il nulla, il silenzio in cui si sono trasformate la musica e la pienezza della vita.

Stampato da
La Grafica & Stampa editrice s.r.l., Vicenza
per conto di Marsilio Editori® in Venezia

EDIZIONE | ANNO

10 9 8 7 6 5 4 3 2 | 1997 1998 1999 2000 2001

LE BETULLE

Collana di classici russi
diretta da Vittorio Strada